いつまでも親がいる

超長寿時代の新・親子論

島田裕巳

光文社新書

はじめに

親になるということは、とても大きな喜びです。と同時に、重大な責任を負うということでもあります。なにしろ、一度親になってしまえば、生涯にわたって親であり続けなければならないからです。

結婚という場合には、夫婦の関係がうまくいかず、とても一緒に生活していけないということになれば、離婚という手段があります。結婚を解消し、もとの他人に戻ることができるのです。

しかし、親子ということになると、離婚にあたるものがありません。養子縁組で親子になったということなら、それを解消することもできます。でも、実子ということになれば、それは解消できません。

子どもが順調に育ってくれればいいのですが、そうなるとは限りません。病気にかかることもありますし、それが難病ということだってあります。

からだの面では健康に育ったとしても、子どもが親が期待したようには育ってくれないということもあります。

学校で問題を起こす。

ちっとも勉強しない。

不登校になる。

悪い仲間と付き合うようになる。

親の言うことを少しも聞かなくなる。

起こる問題はさまざまです。

逆に、子どもの側からすれば、親を選ぶことができません。親が違えば、自分の人生も大きく変わってきたのではないか。そんな思いを抱くこともあります。

親が、子どものことに強く干渉してくる、いわゆる「毒親」ということになれば、子どもは長い間にわたって、毒親との関係に苦しむことになります。

親子というのは難しい。これは誰もが経験するところです。

ただ、その一方で、親にとって子どもができるということは、大いなる喜びでもあります。とくにはじめての子どもということになれば、その子どもが生まれ、成長していく過程に接することがこの上ない喜びになっていきます。

子どもが生まれると、そこには数々の「通過儀礼」が待ち受けています。命名からはじまって、初参り、お食《く》い初《ぞ》め、初誕生、初節句、七五三と行事が目白押しです。

幼稚園や保育園に行くようになれば、さまざまな行事の機会があります。入園式やお遊戯会、運動会、遠足、そして卒園式などなど、子どもの成長する姿を見守る機会が次々と訪れます。小学校でも同じです。

親になった経験のない人からすれば、たわいのないことの連続に思えるかもしれませんが、親にとっては、子どもの成長を祝い、それを見守ることは大きな生きがいになるのです。

これはよくあることですが、2番目の子どもになると、親の情熱も薄れてしまいます。子ども時代の写真の枚数が、最初の子と、それ以降の子どもでは格段に違う。そんなことにもなってきます。

ただ、子どもにも個性があり、その能力が発揮される場面が異なりますから、2番目以降の子どもが何かの面で俄然その能力を発揮し、親の注目を一手に集めるようになることもあります。

親子の間にも相性ということがあります。

以前、私は、生まれ順による相性ということに興味を持ち、それについては本も書きました。そのことが注目を集め、テレビのバラエティー番組で取り上げられたこともありました(『相性が悪い!』新潮新書)。

その観点からすると、子どもが複数生まれたとき、親にとって可愛い子どもと、少し可愛さに欠けるように思える子どもが出てきたりするわけです。

それは、親としてどうなのかと思われるかもしれませんが、現実ですから仕方がありません。

たとえば、親自身が兄弟姉妹のなかで最初に生まれた子どもだと、上の子どもよりも、下の子どもの方がはるかに可愛いと感じてしまうことがあります。「あります」どころではなく、ほぼそうなると言えるかもしれません。

逆に、親が末っ子だと、上の子どもの方が頼りになり、なにかと甘えてしまうようなこともあります。

どうしても子どもの片方ばかりを可愛がって、もう片方を邪慳《じゃけん》に扱ってしまう。そのことに悩んでいる親もいます。でもそれは、いたしかたのないことです。生まれ順の影響は相当に大きいのです。

そうした相性の良さ、悪さということが、親子関係が継続するなかで、ずっと変わらずに続いていくことになります。

一人一人の子どもは、自分の子どもであり、その血を受け継いでいるわけですが、配偶者の血も受け継いでいるので、そこに、親とは異なる個性が生まれてきます。

そうなると、自分の子なのに、どうして自分とは違うのかという思いが募ってきたりします。親が子どもを受け入れることが難しくなるのです。

子どもが成長し、大きくなれば、子どもをめぐる問題はより大きなものになり、親がコントロールすることも難しくなっていきます。

子どもは、自立心が芽生えてきますから、親から独立しようとします。

ところが、親の方は、子どもが間違った方向にむかっているように思え、なんとかそれを改めさせようとします。

そこに齟齬《そご》が生まれ、両者は対立します。

これは、いつの時代にも起こることですし、どの社会でも起こることです。現在の日本だけのことではありません。

ただそこには、時代の影響もありますし、社会の違いが影響してくる面もあります。


人が世界をどのようにとらえるかは、「世界観」と呼ばれます。これは、最近の若者ことばにもなっていて、ミュージシャンやアーチストの描き出す個性的な独自の世界をさしたりします。

しかし、世界観は、ミュージシャンやアーチストだけのものではありません。誰もが、独自の世界観に従って周囲の世界をとらえ、それは行動の仕方にも影響を与えていきます。

親と子の対立や葛藤が、世界観の違いから説明できることがあります。時代が変われば、多くの人たちに共有されている世界観も変わってくるので、親の世界観と子どもの世界観に齟齬《そご》が生まれてくるのです。

社会による違いもかなり大きなものです。私たちは、日本という社会に生きていて、そこでの親子関係を当たり前のものと考えてしまいます。けれども、社会が変われば、それは相当に違うものになっていきます。私たちは、その違いにあまり気づいていないのです。

私は、大学では宗教学科に進み、宗教学の研究者になりました。宗教学を学ぶなかで強く感じたことは、世界観の形成ということに宗教が深く関係しているということでした。

日本人は、自分たちのことを「無宗教」だととらえていて、宗教に影響されてはいないと考えていますが、決してそうではありません。宗教にかかわる機会ということでは、日本はかえってそれに恵まれているとも言えます。

皆さんも考えていただきたいのですが、神社やお寺に行く機会は結構あるのではないでしょうか。初詣《はつもうで》がそうですし、観光に訪れたときにも有名な神社やお寺に行くことは少なくないでしょう。奈良や京都となれば、たくさんの神社やお寺があります。

そうしたところを訪れたとき、ただ見物するのではなく、本殿や仏像の前で祈るのではないでしょうか。これは立派な宗教行為です。神や仏を信じていなければ、祈ることに意味はありません。私たちは、無意識のうちに、神や仏を信仰しているのです。

そして、それぞれの宗教の考え方が、私たちの世界観に影響を与えています。とくに、私たちに影響を与えている宗教が、大陸から伝えられた仏教や儒教です。

日本のことばというものは、中国からの影響を相当に受けているわけですが、私たちは日常生活のなかで仏教や儒教に由来することばを使っていたりします。安心や因果、四苦八苦などは仏教に由来することばです。温故知新などは儒教に由来します。

宗教に由来することばでコミュニケーションをはかっているということは、私たちが知らないうちに、その宗教独自の世界観の影響を受けていることを意味します。たとえ仏教の信者としての自覚はなかったとしても、影響は否定できないのです。

キリスト教も日本の社会にかなり根づいていて、とくに教育や医療の方面で影響を与えています。キリスト教系の学校に通っていたという人も少なくないでしょう。そういう人たちであれば、キリスト教の影響を何らかの形で受けています。礼拝が毎日行われ、そこに参列することが義務になっていたりするからです。

親子の関係ということについても、そこには宗教の世界観が深くかかわってきます。私たちはそれに気づいていないだけなのかもしれません。

この本では、その点を踏まえ、とかく難しい親子の関係を、世界観にまで遡《さかのぼ》って考え直していきたいと思っています。

問題が難しいものであれば、その根本に立ち返ってみる必要があります。その作業を経ることで、問題の所在がはっきりしてくることがあるはずなのです。

現代の社会は、大きな変化のなかにあります。その変化のなかには、親子の関係も当然含まれています。

私たちは、そうした変化にどのように対応したらいいのか。それを見出していくことが、この本の中心となる課題なのです。

いつまでも親がいる　目次

第一章

超長寿社会のなかの親と子

現在は超長寿社会です。80歳、90歳まで生きることが当たり前のようになり、「人生100年時代」と言われています。人生がひどく長いものになった。それはめでたいことではありますが、いつまでも親が生きている、そういう時代にもなったわけです。そのなかで、子どもはどう自立していけばいいのか。新しい問題が浮上しているのではないでしょうか。親が生きていれば、子どもが制約されることもあるからです。今や、親子関係は新しい状況に立ち至っているのです。

社会の変化はめまぐるしい。

それは今、多くの人が感じていることでしょう。変化がめまぐるしいために、それについていけない。そこに焦りを感じる。そんな人もいるでしょう。

大昔には、社会の変化ははるかにゆるやかでした。縄文時代などを考えてみれば、日々の暮らしはほとんど変化しない。そうした状態が長期にわたって続いたはずです。

縄文時代に農耕がはじまっていたかどうかについては、考古学の世界で議論になっているところです。農耕の前の段階としては、栽培ということがあります。縄文時代には栽培が行われるようになり、一部では農耕もはじまった。農耕の開始は大きな変化ですが、それまでに膨大な時間がかかっています。変化はひどくゆるやかで、農耕が開始される前には、人々は採集や狩猟によって食糧を確保することに日々かなりの時間を費やしていたはずです。

では、縄文時代の親子関係はどういったものだったのでしょうか。

考古学の発掘によって、縄文式土器や土偶などが発見され、当時の人々の暮らしをある程度再現することができるようにはなっています。

しかし、親子の関係ということになれば、発掘ではなかなか明らかになりません。文字史料が存在しないわけですから、推測もかなり難しいと言えます。日本最古の文字史料は、4

世紀はじめのものとされていますから、古墳時代の前期にあたります。

人間と類人猿の違いは、子どもの育て方という面に特徴的な形で示されています。人間にもっとも近いとされているチンパンジーの場合、赤ん坊には体温を保つ身体的な能力が欠けているため、母親は絶えず赤ん坊を抱いていなければなりません。父親がどのチンパンジーなのかは分からないので、子育てはもっぱら母親が行います。母親が赤ん坊を抱いている期間は数年に及び、その間、次の子どもを産むことはありません。

体温を保てない赤ん坊ですから、地面においておくわけにはいきません。地面におくことができれば、他のチンパンジーが赤ん坊の顔をのぞき込み、あやしたり、遊んだりもできるのでしょう。それができないため、他のチンパンジーが子育てにかかわることはないのです。

人間の場合には、赤ん坊でも体温を保つことができるようになっているので、母親が常に抱いている必要はありません。母親が何か作業をしている間は、地面においておくこともできます。縄文時代には、おそらく植物を編んだようなものがベビーベッド代わりに使われたことでしょう。そうなると、家族や他の人間たちも、子育てにかかわることができます。母親だけではなく、父親も、その他の家族も子育てに参加する。そこに人間の子育ての特徴が示されています。

大昔、子育てをする上で一番重要なことは、赤ん坊が無事に育つようにすることでした。でもそれは、簡単なことではありませんでした。病気になっても、医者などいません。効果のある薬などもさほど見つかっていなかったはずです。ただただ子どもの無事を祈るしかない。疫病が流行し、親子が同時に命を落とすことも珍しくなかったに違いありません。

生まれたばかりの子どもが亡くなってしまう。それは、縄文時代だけのことではなく、その後もくり返されました。現在では、乳児の死亡数は１０００人あたり１・９人と相当に低くなっています。いかにこれが低いかは、１９５５年と比較してみれば明らかです。１９５５年には39・８人でした。およそ20人に１人の赤ん坊が生後１年未満で亡くなってしまっていたのです。せっかく子どもを産んでも、育ってくれない。そんな状況だったわけです。

さらにこれが20世紀のはじめということになると、１５０人を超えていました。１０００人あたりですから、相当な数になります。それ以前の時代には統計がないのでわかりませんが、縄文時代にははるかに多くの赤ん坊が生まれて１年もしないうちに亡くなっていたはずです。

母親になったことがある人間にとっては、子どもを早くに亡くすことがもっとも不幸な出来事だと言われています。その感覚は縄文時代の人々にも共通することでしょう。縄文時代の遺跡である青森県の三内丸山《さんないまるやま》遺跡からは、小さな甕《かめ》のなかに入った赤ん坊の遺体が発掘されています。そこには、幼い命が失われたことを悼《いた》む気持ちが示されてます。

それに比較したとき、現代は恵まれています。そこには、さまざまなことがかかわっています。医療の発達がめざましいということがすぐにあげられるでしょうが、健康保険の制度が整えられ、誰もが医療の恩恵にあずかることができるということも重要です。さらには、社会が豊かになり、食糧事情が大幅に改善されたことが、赤ん坊が亡くなることが少ない社会を生むことに結びついています。衛生環境も飛躍的に向上しました。

それによって、赤ん坊が無事に育つ確率が高くなっただけではなく、日本の社会に生きる人々の寿命を大幅に延ばすことになりました。現在の日本では、男女ともに平均寿命は80歳を超えています。男性は81歳、女性は87歳を超えています。それを反映し、１００歳以上の人たちの数は８万人を超えました。以前は１００歳まで生きられることは奇跡的なことだと考えられていましたが、今は決して珍しいことではなくなったのです。

そこには、交通事故が減少したことも大いに貢献しています。

戦争が終わり、４年が経った１９４９年、交通事故による年間の死者は３７９０人でした。

まだ本格的なモータリゼーションの波が訪れていなかったので、死者の数はそれほど多くはなかったのです。

それが、経済が発展し、車の数が増えていくにつれて死者の数は増加していきました。ピークは大阪万国博覧会が開かれた１９７０年のことで、その年には１万６７６５人が交通事故で亡くなりました。２０２０年では２８３９人ですから、それに比べると５・９倍にもなります。

私は東京に生まれましたが、１９６４年に東京オリンピックが開かれるまで、東京の街は交通という面で危険極まりない場所でした。信号の数も少なく、歩道など十分には整備されていませんでした。ですから、幼い子どもが交通事故で亡くなるということも、決して珍しいことではなかったのです。その時代には、「交通戦争」ということばも使われました。

その点は大きく変わりました。そして、私たちの人生のあり方も、以前とはかなり違うものになってきています。

簡単に言ってしまえば、昔は、「いつまで生きられるかわからない」社会でした。若い年齢でも不意に亡くなることがありました。赤ん坊の時期を乗り越えても、若くして病気で亡くなることも珍しくありませんでした。戦争ということもありました。死はどの年齢でも突然襲ってくる。そんな時代だったわけですから、人々は、いつまで生きられるかわからないということを前提としていたのです。

いつ死ぬかわからない。私は、そうした過去の死生観を、「死生観A」と呼んでいます。人類が誕生してから最近になるまで、どの国においても、人々はいつ死ぬかわからないということを前提として自分の人生や死について考えてきました。今でも、平均寿命が短い国では、死生観Aが基本になっています。

もちろん、いつ死ぬかわからないということは、社会がどのように変化しても変わらない真実です。世の中何が起こるかわからないわけですから、突然事故や病気で亡くなってしまうかもしれません。

しかし、どうでしょうか。

今の私たちは、自分がある程度、さらに言えば、相当程度、長く生きられることを前提に自らの人生設計をしているのではないでしょうか。

これを私は、「死生観B」と呼んでいます。

平均寿命が大幅に延びたことは、死生観の根本が変わったということですから、大変な出来事です。変化は突然訪れたわけではありません。徐々に進んできたことなので、まだ多くの人は自覚していないかもしれません。自分たちが死生観Aから死生観Bへと転換したとは考えていないのです。

こうした事態を踏まえ、最近では、さまざまなところで、「人生１００年時代」ということが言われるようになってきました。

もちろん、すべての日本人が１００歳まで生きられるというわけではありません。65歳からは高齢者となり、そこでほとんどの人たちは定年を迎えますが、それまでに命を落とす人もいます。若くして亡くなる人も、一定程度います。

しかし、80歳で亡くなれば、「もっと生きられたのに」と言われます。70歳で亡くなれば、「まだお若いのに」と言われます。90歳くらいまで生きないと、十分に生きたとは受け取られなくなってきました。１００歳を超えて生きている人の数は相当に増えてきましたから、そういう感覚になってきているのです。

医療経済学を専門とする永田宏氏は、寿命を平均で考えるのではなく、同じ世代の50パーセント、あるいは25パーセントの人たちがどれだけ長生きできるのかを推計しています。

その推計によると、私と同じ年、１９５３年（昭和28年）に生まれた男性は、50パーセントが87・9歳まで、25パーセントが93・9歳まで生きるとされています。当然、女性の方が長生きで、同じ年に生まれた女性の25パーセントは１００・１歳まで生きるとされています。

これが、１９８７年生まれになると、男性でも、25パーセントが１０１・３歳まで生きるとされています。今、１００歳以上の男性は1万人にも満たないのですが、それが大幅に増えることになります。さらに女性だと、25パーセントは、なんと１０７・０歳まで生きると推計されています（『週刊ポスト』２０１８年12月14日号）。

人生１００年時代ではないのです。むしろ、人生１１０年時代に突入していることになります。驚くべき時代が訪れたものです。

私たちは、大昔から長生きすることを目標にしてきました。それが実現されたわけですから、これほど目出度《めでた》い話はありません。そして、私たちは死生観Ａの世界から離れ、死生観Ｂの世界へと突き進んできているのです。

では、死生観Ｂの世界では、親と子の関係はどのように変化するのでしょうか。

一つはっきりしているのは、超長寿社会が実現されることで、自分にとって親がいない時期が短いものになるということです。生涯のうち、相当長い期間にわたって親が生きている、そういう状態になるわけです。

たとえば、ここに生まれたばかりの赤ん坊がいたとします。

では、この赤ん坊の母親は何歳くらいでしょうか。

２０１８年の時点で、母親が最初の子どもを産む平均の年齢は30・７歳です。これは、結婚する年齢が上がってきたからです。平均初婚年齢は29・４歳です。ちなみに、第二子は32・７歳、第三子は33・８歳です。

もちろんこれは平均ですから、もっと若い年齢で最初の子どもを産んでいる母親もいます。逆に、不妊治療でようやく子どもを授かったという場合には、40歳を超えてしまっているかもしれません。

父親になるという場合には、母親とだいたい２歳くらいの違いがありますから、最初の子どもができたときには32歳から33歳くらいになっているはずです。

２０１８年に30・７歳で最初の子どもを産んだ女性は、１９８７年から88年に生まれたことになります。

１９８５年の時点では、女性の平均初婚年齢は25・５歳で、最初の子どもは26・７歳で産んでいます。第２子が29・１歳、第３子が31・４歳です。結婚する年齢も、子どもが生まれる年齢も、最近になってかなり上昇していることが分かります。

これから考えると、１９８７年から88年にかけて最初の子どもを産んだ母親は１９６０年代のはじめに生まれたことになります。61年の生まれだとすれば、２０１８年に57歳で最初の孫が生まれたことになります。

１９６０年には、最初の子どもが生まれたときの母親の年齢は25・４歳でした。ということは、61年生まれの赤ん坊の母親は35年頃に生まれたことになります。この女性が、２０１８年に生まれた赤ん坊の曽祖母になります。年齢は83歳ですから、まだ元気である可能性はかなり高いでしょう。

つまり、２０１８年に生まれた子どもには、曽祖母がいることが少なくないのです。人生１１０年時代ですから、83歳の女性の母親がまだ生きていることだって十分あり得ます。１００歳を超えていることでしょう。赤ん坊にとっては高祖母《こうそぼ》になります。

２０２０年10月末の時点では、福岡県在住の田中カ子《かね》さんが、日本最高齢で１１７歳です。１９０３年の生まれです。彼女には、２０１９年の時点で孫が５人、曽孫《ひまご》が８人います。

それまでの最高齢は、鹿児島県在住の田島ナビさんで、１９００年の生まれでした。亡くなったのは２０１８年で、その時点で１１７歳でした。

彼女の夫は田島富二子さんでした。字だけ見ると女性のようですが、「とみにし」と読み、もちろん男性です。ナビさんと富二子さんの間には９人の子どもが生まれました。

ナビさんには、２０１１年の敬老の日の時点で、孫が28人、曽孫が56人、玄孫《やしゃご》が35人いました。

それが２０１５年には、玄孫の子どもの来孫《らいそん》まで生まれ、子孫は１４０人以上になったといいます。さらに亡くなる前の年、17年には、それが１６０人以上に増えていました。

来孫からすれば、ナビさんはいったいどういう立場になるのでしょうか。高祖母のさらに上ということですが、日本では、それには呼び名がないようです。そんなに長生きする人がいるとは考えられていなかったのでしょう。想定外の長寿になります。

ナビさんが１１５歳になっていた２０１５年の敬老の日には祝い状と記念品が贈られ、それが「南海日日新聞」の記事になっていますが、ナビさんの子どものなかで91歳の三男のことにふれられていました。つまり、90歳になっても、親が生きていることがあるのです。

ナビさんは、その時点で、喜界園という特別養護老人ホームに入居しており、介護される立場にありました。

現在最高齢のカ子さんも高齢者施設で生活しており、やはり介護される立場にあります。

それでも、国内最高齢記録を更新したことを伝えるＮＨＫのニュースでは、カメラにむかってピースサインもすれば、万歳もし、さらには炭坑節を踊ったりと、健在ぶりを示しました。とても、日露戦争の前の年に生まれたとは思えません。

このように人生１１０年の超長寿社会が実現されたことは大いに歓迎される事態です。しかし、親がいつまでも生きているということは、考えようによっては、子どもにとって必ずしも歓迎すべきことではないかもしれません。

というのも、人間は大人として成長していく上において、「親殺し」を必要とするからです。人間が成長していく上では、親という存在は必要です。何かの都合で実際の親が子どもを育てられないということはありますが、そのときにも、親代わりの存在がいなければなりません。

親が子どもを育て上げるには、相当な期間が必要です。チンパンジーのように、母親がずっと子どもを抱いている必要はないわけですが、一人前の人間に育て上げ、子どもが自立していくまでには、今なら20年、さらにはそれ以上の年月が必要です。

子育てはそれだけ手間のかかることで、親としてはいろいろと努力し、さまざまなことを教え、しつけていかなければなりません。

その期間、親と子どもの間には立場の上で上下の関係が生まれます。親が上で、子どもは下になるわけです。

しかし、子どもの側からすれば、成長していくにつれて、そうした上下の関係が鬱陶《うっとう》しいものに感じられるようになり、なんとかそれを打ち破りたいと考えるようになります。それこそが自立への道を歩みはじめた証拠になるわけです。逆に、子どもがいつまでも親の言いなりになっていたとすれば、それは自立が妨げられていることを意味します。

このことについて、今から１００年以上も前に問題にしたのが精神分析の方法を確立したオーストリアの精神科医、ジークムント・フロイトでした。

フロイトが発見した精神分析学の上で重要な概念に、「エディプス・コンプレックス」があります。

エディプスとは、ギリシア神話に出てくるオイディプスのことです。オイディプスの物語は、日本でも演劇として上演されることがあるのでよく知られていると思います。

主人公のオイディプスは、王の子どもとして生まれるのですが、予言者から、将来、父を殺して、母と交わると予言されました。

実に恐ろしい予言です。

そして、父親の王はそれを避けようと策を巡らしたにもかかわらず、結局は、予言が的中してしまいます。

運命には逆らえない。

それがこの物語の中心的なテーマだと考えられますが、フロイトは、そこに人間の隠された欲望を見出そうとしました。

男の子は、幼い頃、母親を独占したいと考えます。ところが、その願望が成就することを強力な父親が妨げています。子どもとしては、父親を排除し、母親を自分のものにしたいと思っているわけですが、その思いは満たされません。

そのために、男の子の欲望は抑圧され、それがやがて精神疾患を生む可能性があることになるというのが、フロイトの考え方でした。

この精神分析が流行しているのがアメリカの社会です。アメリカ社会の一線で活躍しているビジネスマンには「かかりつけの精神科医」がいたりします。そうした医者のもとで定期的に精神分析を受けるわけです。アメリカのビジネスマンは、それだけ多くのストレスを抱えているのでしょう。

そうしたアメリカで作られた映画を見ていると、父殺しがテーマになっている作品が少なくないことに気づきます。

「スター・ウォーズ」がその代表です。ルーク・スカイウォーカーという主人公の敵、ダース・ベイダーは、なんとルークの父親でした。ルークは、ダース・ベイダーと対決することになるわけですが、それはまさに父殺しです。父を殺さないと本当の意味で大人になることができない。こうした映画には、そうしたメッセージが込められています。

アメリカの映画には、「スター・ウォーズ」に限らず、父殺しをテーマにした作品が少なくありません。それは日本の映画には見られないことです。これは、アメリカ映画の一番の特徴と言えるかもしれません。なぜそうなのかについては、第三章で考えてみようと思っています。

映画という形では表現されないのですが、日本の社会でも親殺しは必要です。ここで言う親殺しは、実際に親を殺してしまうのではなく、象徴的な形でのものですが、親がしかるべきときに亡くなるということも重要です。

それはとくに、親が実の子どもの師匠になる伝統芸能の世界で言えることではないでしょうか。そのことを強く感じたことがあります。

それは、国立能楽堂へ出かけたときのことです。２０２０年1月31日のことでした。

その日、狂言や能がはじまる前に、狂言の人間国宝、野村万作氏の「おはなし」がありました。

国立能楽堂は、能の普及に力を入れているので、月に一度はこの「おはなし」があります。初心者の理解が進むようにです。

その話のなかで、私が興味深いと思ったのは、どのようにして狂言を学んでいくのかということでした。

万作氏の父親は6世野村万蔵で、それが師匠にもなるわけです。

万作氏の言うところでは、狂言では、演じるときにはまず習った通りにやるというのです。習う師匠は父親ですから、父親と同じように演じるわけです。逆に、そこに教わる側の創意工夫があってはなりません。

これは、歌舞伎の世界でも同じです。最初は習った通りに演じ、それをくり返していくうちに、自分らしさを加えていく。最初から自分を出したりはしない。それが、伝統芸能全般に共通する芸の継承の仕方なのです。

万作氏の話のなかで、とても面白いと思ったのは、親が生きているあいだは自由にやれないが、親が死ぬと自由にやれるようになるという部分でした。

万作氏は１９３１年６月22日の生まれです。親の万蔵が亡くなったのは78年５月６日のことでした。

ということは、46歳まで、万作氏は親のやり方を意識しながら演じていたことになります。そうせざるを得なかったわけです。それが、親が亡くなってからは、自分のやり方で自由に狂言を演じるようになった。そういうことになります。

その話が強く印象に残ったのは、万作氏が話のなかで、親が死んで自由になったと2度くり返したことでした。狂言役者にとって、親というものは相当に重い存在なのでしょう。私はその話を聞いて、そのように感じました。

ちなみに万作氏の子どもが、テレビや映画でも活躍している2世野村萬斎氏です。萬斎氏は、２０２０年４月５日には54歳になっています。50代になっても、父親が健在である限り、彼は自由ではないのかもしれません。

これはある演劇評論家から聞いた話です。

伝統芸能の世界で活躍している人たちのシンポジウムが開かれ、そこに万作氏もパネラーとして参加していました。

万作氏はその席で、萬斎氏のことをかなりきつく批判したとのことでした。そんな状況では、親が死なない限り、子どもは自由になれません。

国立能楽堂の公演では、「おはなし」の後に、「痩松《やせまつ》」という狂言が演じられました。そこで、「女」を演じたのは萬斎氏でした。出演を目前にしていたわけですから、父親の話など聞いていなかったかもしれません。しかし、もし聞いていたとしたら、どんなことを思ったのか。興味の湧くところです。

超長寿社会になったことで、親はいつまでも生きています。それはめでたく、また有り難いことですが、一方で、重石がなくならないことを意味します。親があまりに長生きすれば、子どもの方が先に亡くなってしまうこともあります。そうなれば、生涯にわたって親から解放されないということにもなってきます。

それでも、親と子どもの関係がうまくいっていればいいのですが、そうなるとは限りません。

昔は、親と子どもの対立というと、姑と嫁の間でのことが一番問題になりました。それだけ、子どもが結婚しても、親と同居することが多かったわけです。

日本の戦後社会においては、高度経済成長が起こり、暮らしは豊かなものになっていきましたが、それは、新宗教がその勢力を拡大していった時代でもありました。

その時期に信者を爆発的に増やし、巨大教団になっていったもののなかに、霊友会と立正佼成会とがありました。この二つの教団は、ともに日蓮系、法華系ですが、「法座」を一番の特徴にしています。

法座というのは、支部などのメンバーが車座になって座り込み、そこで話し合いを行うというものです。その際に話題としてもっとも頻繁に取り上げられたのが嫁姑の関係、その対立についてでした。新しい会員が、そうした問題を持ち出すと、支部長など信仰歴の長い会員が親身になって相談に乗ってやったのです。

こうした嫁姑関係の陰に隠れた形になっていましたが、実の親と子どもの関係の方がはるかに深刻なことが少なくありません。とくに同性の親子の関係がこじれることがあります。なにしろ、親子の関係は切ることができないのですから、そうなると大変です。

子どもの上に親がいて、さらにその上に親がいる。それだけではなく、上にはさらに親が重なっている。そんな社会になっているわけで、そのなかで親子がもめると、全体に影響を与えます。

私の知り合いにも、実母と折り合いが悪いと言っていた女性がいました。もし実母を介護しなければならなくなったら、どうしたらいいのか。それが彼女の悩みでした。

そんな話を聞いてから数年が過ぎ、喪中はがきで、その母親が亡くなったという通知を貰いました。どうやら、介護の必要がなかったか、短期間で済んだようです。その後彼女には会っていないので、その点について話を聞いてはいませんが、これは、さまざまなところで起こっていることでしょう。

いつまでも親がいる社会に、私たちは生きています。

その分、親子の関係について新しい角度から考えていかなければなりません。そんな時代になってきたのです。

第二章

親になることの重要性

親子丼という食べ物があります。鶏肉と卵で親子というわけですが、これは日本にだけあるメニューです。今では、ご馳走というわけでもありませんが、そのネーミングには興味深いところがあります。親子という言い方は、親と子という表現より、はるかに両者が密接であることを示しています。それは、日本の社会の特徴なのではないでしょうか。また、そこに親になることの重要性が示されているのではないでしょうか。親になることで大人になる。日本の社会の秘密がそこに隠されているように思えます。

「親子」ということばがあります。

親子とは、親と子ということです。その点では、どの社会にも親子が存在するということになります。

しかし、これは日本語に特徴的な表現になっています。

日本語は、中国語の影響を深く受けています。そもそも漢字は中国から来たものです。

現在の中国語では、親は「亲」という漢字で表現されます。子は、日本語と同じく「子」です。

ならば、親子のことをさして、「亲子」と言うはずです。実際、そうした書き方もされ、「亲子关系」と言えば、親子関係のことを意味します。

しかし、あまり亲子という表現は使われていないようで、「父子」とか「母子」という表現が用いられます。日本語でも、こうした表現は使われ、父子家庭とか、母子手帳などがありますが、親子の方がはるかに頻繁に用いられています。

どうも、日本と中国では、親子ということばについての感覚に違いがあるようです。もしかしたら、日本という国では、親子ということが、他の国に比べてはるかに重要な意味を持っているのではないでしょうか。

その際の親子は、単純に親と子をさしているということではなく、親と子が一体になっているというニュアンスがあるように思えるのです。

私たちは、親子という言い方を日常生活のなかで頻繁に使っているので、そこに特別な意味などないと考えられています。考えるどころか、それを前提にしていて、特殊性を自覚することもないのです。

「親子丼」という食べ物もあります。鶏肉と卵を使った料理で、鶏と卵が親子だということで、親子丼と呼ばれています。鮭とイクラを使った親子丼もあります。

そこからは、「他人丼」という食べ物も生まれました。肉が牛や豚に代わり、卵との間に親子の関係がないので、他人だというわけです。こうした料理は中国にはありません。

では、親子丼を英語に訳すことはできるでしょうか。

丼がbowlで、親子がparent and childですが、bowl of parent and childというわけにはいきません。これでは、何のことなのか、意味はまったく通じません。変な想像を掻き立てることになるかもしれません。

親子丼を説明的に訳すなら、bowl of rice with chicken and eggsとなるでしょう。それで意味は通じるかもしれませんが、chickenとeggとが親子の関係にあるというニュアンスはまったく反映されていません。

そもそも、parent and child ということばはどうでしょうか。たしかに、parent が親で、child が子どもですから、それは親子ということばの訳語として間違ってはいません。

しかし、日本語の親子と英語の parent and child とでは、ニュアンスは相当に違うのではないでしょうか。

英語ではただ、「親と子」のことをさしているだけで、「親子」という日本語が示すような両者の密接な関係はまったく表現されているようには思えません。

日本では、親子という表現は頻繁に使われても、英語では、parent and child という言い方が日常的に使われたりはしないのです。

「親と子」と「親子」は、さしているものは同じでも、その意味、ニュアンスは大きく異なるのではないでしょうか。

日本は、親と子を区別した上で、両者が一体の関係にあることを自覚している。そういう社会なのではないでしょうか。

そんなことは、日本に限らず、どの社会でも当たり前のことではないか。そう思われるかもしれません。

親がいて、子がいる。親は子どもを育てる立場にあるわけですから、そこには自ずと上下の関係が生まれてくる。私たち日本人はそれが普遍的であるように考えます。

しかし、どうもそうとは言い切れない。私は長くそう考えてきました。

このことに関連して思い出される本があります。それが、フィリップ・アリエスが1960年に刊行した、『〈子供〉の誕生：アンシァン・レジーム期の子供と家族生活』（杉山光信・杉山恵美子訳、みすず書房）という本です。日本では80年に翻訳が出ますが、その当時、かなり話題になりました。私も、刊行された直後に、翻訳でこの本を読みました。

アリエスはフランス人の歴史家です、けれども、大学で研究した経験を持っていないため、「日曜歴史家」とも呼ばれました。そうした著者の経歴を含めて注目が集まりました。

アリエスは、膨大な史料を駆使して、中世のヨーロッパ社会では、大人と子どもを区別する考え方がなかったという主張を展開しました。中世には、子どもは存在しなかったというわけです。

アリエスがとくに注目したのが、教育ということです。中世の時代のヨーロッパには、教育という考え方がなかったというのです。したがって、現代なら子どもとされる年齢の人間たちは、大人と変わらないものとして扱われていました。だから、年齢が若い者たちが飲酒をしても、恋愛をしても、それは何ら問題にされなかったというのです。そして、大人も子どもと入り交じって遊びに興じていました。

時代区分というものは、国によって異なります。日本だと、中世は、平安時代の終わりになる11世紀から、戦国時代が終わる16世紀までをさすことが多いのですが、ヨーロッパについては、5世紀から15世紀くらいまでが中世と考えられています。

中世が終わり、近世がはじまる16世紀から17世紀にかけては、ヨーロッパで教育ということが強調されるようになります。そうなると、教育の対象にならない大人と、対象になる子どもとが区別されるようになりました。そして子どもは「純粋無垢」な、大人にとって愛すべきものとしてとらえられるようになったのです。

アリエスは、ヨーロッパにおいて学校制度が整備され、近代に向かっていくことで、子どもという概念が生み出されたという分析を展開しました。それが彼の言う子どもの誕生ということなのです。

しかし、現在のヨーロッパにおいては、依然として大人と子どもとはあまり区別されていないのではないかという印象を受けます。

たとえば、アリエスの国であるフランスでは、スーパーマーケットなど公共の場所で子どもが騒いでいると、周囲から顰蹙《ひんしゅく》をかいます。子どもであっても、しっかりと社会性を身につけていなければならない。こうした考え方が生まれてくるのは、子どもと大人との間に明確な区別がなされていないからではないでしょうか。

コロナ禍でも、フランスのそうした傾向があらわになったと言えるかもしれません。フランス在住の日本人が書いた「フランスのコロナウィルス感染第二波が来るのは当然だった…」（ＲＩＫＡママ、World Voice）という記事を読んだのですが、コロナの感染拡大に対するフランス人の姿勢は、大人であっても、まるで子どものように思えるからです。

まず、衛生観念が欠けています。著者は、「政府からの呼びかけのテレビコマーシャルなどでは、ビズー（頬と頬と合わせてチュッチュッと挨拶する）やハグ、握手はやめ、人との距離を取りましょう、手を洗いましょう、さらには、一回使ったティッシュは捨てましょう……などと呼びかけているのには、日頃の衛生観念とモラルの低さを感じさせます」と述べています。フランスでは一度使ったティッシュをポケットにしまって、また使う人が少なくないのです。

あるいは、フランス人が何より好むバカンスの期間に夜間の外出が禁止されると、「外出ができる地域に移動するか、もしくは家族や友人と家に集まって騒ぐのです」となってしまうわけです。

大人とは違う子どもという概念は誕生したのかもしれませんが、フランスの社会にはむしろ大人がいないのではないか。そんな気がしてきます。

それは、アメリカの社会にも共通して言えることではないでしょうか。

ただ、アメリカの場合には、一見すると、子どもと大人との区別に相当注意しているようにも思えます。

これは、アメリカのドラマ、物語を見ていて気づくことですが、grown upということばが重要なものとして出てくることがあります。たとえば、「ピーター・パン」では、ウェンディが母親にむかって、But, Mother, I don’t want to grow up. と言う場面が出てきます。「大人になんかなりたくない」というわけです。

あるいは、合唱の活動をするグリー・クラブを舞台にしたテレビ・ドラマの「グリー」には、シュースター先生が生徒たちにむかって、“We were all raised by different parents, but we grew up together in the Glee club.”と語りかける場面が出てきます。「皆親は違うけれど、グリー・クラブのなかで一緒に成長してきたじゃないか」というわけです。grown up は成長することであり、大人になるということなのです。

アメリカには、日本のような成人式はありませんが、高校を卒業する時点で「プロム」と呼ばれる行事が待ち構えています。プロムはプロムナードの略で、舞踏会を意味します。高校の卒業生は、正装し、カップルでプロムに参加します。プロムは、高校卒業を記念するとともに、大人になったことを確認する通過儀礼になっているのです。

プロムが重要なシーンとなっている映画に、「キャリー」という作品があります。これは、スティーブン・キングの小説を原作としたホラー映画ですが、プロムの仕組みがどうなっているか、そこに参加する若者たちがどういう気持ちを抱いているのかがよく分かります。もっとも、この映画のなかのプロムは、凄惨な結末を迎えることになるのですが。

日本の成人式に比較したとき、プロムの方がはるかに通過儀礼としての性格が鮮明に示されています。カップルでしか参加できないので、異性の相手を見つけなければなりません。その過程が試練となります。正装することも、普段とはまったく違う服装を身につけるわけですから、これもまた一つの試練です。

試練を克服しなければならない通過儀礼が用意されているということは、それだけ、grown up であることがアメリカ社会のなかで重要視されていることを意味します。通過儀礼を経ることによって、若者は大人へと成長（grown up）するわけです。

アメリカ社会では、子どもと大人が明確に区別されている。この点からは、そのように考えることができます。

しかし、grown up ということばの語感としては、子どもと大人が区別されているのではなく、成熟していない人間と成熟した人間とが区別されているように思えます。子どもというものは、大人に成りきっていない未熟な存在だという考え方が、その背後にあるわけです。

果たして、私たち日本人にこの感覚はあるでしょうか。もちろん、大人と子どもを区別はしますし、子どもは大人に比べて、さまざまな点で足りないところがあるとは考えます。けれども、子どもをたんに未熟な存在とはとらえていないように思います。子どもには、子どもにしかできないことがある、その時代は貴重だ、そういう感覚があるのではないでしょうか。

日本の社会には、子ども向けのエンターテイメントがあふれています。子どもが見ることを前提に作られている作品です。「ドラえもん」などは、その代表でしょう。そこで描かれるのは、基本的に子どもの社会です。

「仮面ライダー」などの特撮ドラマも、子ども向けで、とくに男の子の関心を引くような内容になっています。女の子だと、「セーラームーン」ということになります。

仮面ライダーはアニメではなく実写で、若い男性俳優にとっては登竜門だと言われています。ですから、これから人気が出てくるであろうイケメン俳優が出演するわけで、それは、男の子の母親がこの番組を見るきっかけにもなっています。そして、その俳優見たさに、子どもを映画館に連れていくわけです。

子ども向けの映画は、子どもだけで見に来ることは少なく、親が連れてくるので、親が飽きないものである必要があります。それは、ドラえもんの映画版にも言えることで、内容や筋立ては複雑です。その分、小さな子どもだとかえって飽きてしまうのですが、親に見られるものになっていないと、子どもを連れてきてもらえないのです。実際に見てみると、それがよくわかります。

仮面ライダーに匹敵するアメリカ映画のヒーローと言えば、最近では、「スパイダーマン」や「バットマン」ということになるでしょうか。一昔前なら「スーパーマン」ですね。

スパイダーマンやバットマンにしても、スーパーマンにしても、子ども向けではありません。子どもも見ますが、内容は大人向けです。その点では他の普通の映画と変わりません。

アニメの場合にも、子どもが主人公の作品はありますが、内容が子ども向けというわけではありません。

たとえば、ディズニー配給のアニメ映画として「トイ・ストーリー」があります。これは人気作品で４まで製作されていますが、主人公の玩具たちは、子どもが遊ぶものではあっても、中身は大人です。子どもとして登場するわけではないのです。

テディベアが主人公の「テッド」などになると、むしろ大人向きで、描写が際どいだけではなく、汚いことばも出てくるので、かえって年齢制限があり、子どもは見られないようになっています。大人しか見ることができないドラえもんの映画など、日本では考えられません。

もちろん、日本のアニメのなかにも、「宮崎アニメ」に代表されるように、必ずしも子ども向けではないものもあります。

しかし、子ども向けのエンターテイメントは、ジャンルとして確立され、海外でも多くの観客を獲得しています。海外の作品のなかには、日本のアニメの影響を強く受けているものも数多く生み出されてきましたが、それも、日本では、子どもを第一のターゲットにした作品が次々と製作されてきたからです。

日本では、子どもである時代は貴重なもので、それを楽しく幸福に、そして豊かに過ごしていけることが重要だと考えられています。それは、大人に成長していくための準備の過程ととらえられてはいますが、未熟さを克服すべき期間とは考えられていないように思われます。

だからこそ、日本の社会では、grown up、「大人になれ」ということが、さほど強調されないのではないでしょうか。

では、どうやって大人になっていけばいいのか。

そこには、親になるということが深くかかわってきます。

子どもが生まれて、それで親になる。それは、子どもを育てるという一大作業を担うようになるということですが、まだ親になっていないときとは、生活だけではなく、意識の面でも大きく変わっていくように思われます。

とくに、その変化は母親の方に強く現れます。最近では、育児に積極的に参加する父親も増えてはきました。その点では、母親と父親は同じかもしれませんが、実際のところでは、母親になる方が、父親になるより変化は大きいはずです。

子どもを産むことによって親になるというより、親子になると言った方がいいかもしれません。親子が一つの単位になっていて、子どもの誕生で、その単位が生まれるのです。親子丼を引き合いに出せば、鶏が母親で卵が子ども、そして、その下にあるご飯が父親ということになるかもしれません。

ただ、最近の変化も含め、ここでは、母親と父親を区別せず、一括して親として扱うことにします。

親になることで、生活のあり方は大きく変わります。それまでは、親の方は自分を中心に考えていけばよかったわけですが、子どもが生まれた途端に中心は子どもの側に移ります。そして、子どもの親という立場に変わるのです。

それは、実際の生活が育児中心になるということではありますが、たんにそれだけではありません。

一番大きな変化は、保育園や幼稚園、そして小学校に子どもが入ったときに現れてきます。それも、親個人の社会のなかでの位置づけが変わってくるからです。

それは、親が、「〇〇ちゃんママ」、「〇〇ちゃんパパ」と呼ばれるところに示されています。

親の子どもではなく、子どもの親ということになるのです。

私の妻などは、個人で使っているメールアドレスを、この「○○ちゃんママ」にしているくらいです。

そして、「ママ友」や「パパ友」というものが誕生します。子どもを媒介にして、親同士が友だち関係になるのです。

これは、親になることによって、その人間の位置づけが変わるということを意味します。アイデンティティーのあり方が変容すると言ってもいいかもしれません。子どもの親であるということが、その人の属性としてもっとも重要なものになってくるのです。

なぜ、子どもが生まれたとたん、親の社会的な位置づけが変わるのでしょうか。大きいのは、家族のなかでの呼び方の変化です。

これは、１９７３年に刊行された言語学者の鈴木孝夫氏の著作『ことばと文化』（岩波新書）で指摘され、広く認識されるようになったことですが、家族のなかでの個人の呼び方というものは、その家族のなかで一番年齢が下の人間を基準にして決まってきます。

たとえば、男の子が新しく生まれたとき、その男の子は、「僕」と呼ばれます。まだ、本人がことばがしゃべれない段階で、他の家族から僕と呼ばれるのです。

あるいは、「太郎君」と名前で呼ばれることもあります。女の子だと、僕に当たる呼び方はなく、「花子ちゃん」と名前で呼ばれます。

そして、赤ん坊から見てどういう立場にあるのかが、それぞれの人間の呼び方に反映されます。太郎君の兄であれば、その子は「おにいちゃん」で、姉であれば、「おねえちゃん」と呼ばれます。

ここが重要なところですが、親も、上の子どもをおにいちゃん（おねえちゃん）と呼びます。自分の兄や姉ではなく、子どもなのに、そのように呼ぶのは、一番下の子どもから、他の子がどう位置づけられるかが基点になっているからです。

親は、「おとうさん」や「おかあさん」、あるいは「パパ」、「ママ」と呼ばれます。おとうさんと呼ぶのは、子どもだけではありません。他の家族もその呼び方を使います。おとうさん本人も、自分のことを「おとうさんはね……」と言ったりします。

子どものいない間は、夫婦のあいだで、お互いをどう呼び合うかはさまざまです。名前で呼びあうことも多いでしょう。

ところが、子どもが生まれると、自分たちでも相手をおとうさんやおかあさんと呼ぶようになります。

夫にとっては、妻は自分のおかあさんではありません。妻にとっても、夫は自分のおとうさんではないのです。

にもかかわらず、そうした呼び方をするようになり、それによってお互いの関係性にも変化が訪れます。配偶者に対して甘えることが容易になったりします。あたかも自分の母親であるかのように、妻に甘えたりするのです。逆もあります。

そのため、「私はあなたのおかあさんじゃないのよ」と、妻が夫に文句を言う場面も出てきます。

親になるということは、自分が産んだ子どもの親になるというだけではないのです。親としての役割を果たす人間になるということを意味しているのです。

親であるということが、家庭内でのことにとどまらず、その人間の社会的なあり方を変えていくのです。だからこそ、○○ちゃんママ（パパ）という呼称が使われるようになるわけです。

結婚するということで、独身から既婚者に変わります。それによって、社会的なあり方にも変化が生まれますが、その変化はそれほど大きくはありません。

それに比べれば、子どもが生まれて以降の変化の方が、はるかに大きいのです。しかも、子どもが少し大きくなり、保育園や幼稚園、さらには小学校に進むようになると、親たちの人間関係の輪が広がっていくことになるので、変化はより大きなものになっていきます。

ママ友（パパ友）の関係は、子どもが成長しても、継続されることが少なくありません。子ども同士は、もう友だちとは言えないような関係になっても、親同士の関係が継続されることになったりします。

親本人の学校時代の友人というのは、交友関係のなかで重要な部分を占めるものですが、お互いに住む場所が変わり、それによって頻繁に会うことがなくなっていきます。

それに対して、ママ友は、同じ地域に住んでいることが多いので、どちらかが引っ越しをしない限り、関係は自然と継続されます。それこそ、街中で、とくにスーパーマーケットなどで会うことも珍しくないのです。「ご近所」としての関係が続くことが、その関係を長続きさせることに結びついていきます。

ママ友には、お互いの子どもという共通の関心事があります。保育園や幼稚園、小学校も、お互いが共通に関心を持つ事柄には不自由しません。

中学校以降になると、そこに、子どもがしている部活動がかかわってくるようになります。子どもが試合ということになると、親が応援に行き、そこで新たなママ友が生まれるのです。

最近は、スマホの「ライン」などというアプリもあるので、連絡も容易です。すぐに情報が共有できることが、関係を長続きさせることに結びついていきます。

海外には、こうしたママ友の関係はないようです。そこに、文化の違いが示されています。

ただし、ママ友の関係に悩むということも、頻繁に起こります。そんなことを扱ったテレビのドラマもあります。いいことばかりではなく、それが鬱陶しくもなったりします。

けれども、現代では、親が孤独に子育てをするということが少なくありません。親と子どもだけの、いわゆる核家族では、親以外に子育てを担う人間はいません。子どもにとっての祖父母が近くにいれば、子どもを預けたりもできます。とくに、母親の実家が近くにあれば、相当に助かるので、それを理由に近くに住むという選択をする親も少なくありません。

その点で、ママ友は重要です。同じ年の子どもを抱えているわけですから、その経験や知識が生きてくることは少なくないのです。

子どもが生まれることで、親の生活が大きく変わり、さらには、その社会的なあり方まで影響を受けるというところに、日本の社会の特徴があるということになります。

これだけ、親になることでその人間の社会的なあり方が変わるのは、日本では親と子の関係が密接だからです。子どもが生まれることで、「親子」という一つの単位が誕生するのです。

親子になって子どもを育てている間、その個人の社会的な立場は親であるということが最優先され、絶えず親として振る舞うことが求められます。本人も、それを受け入れ、親として振る舞うのです。親なのだから、自分勝手には行動できない。そういう意識を絶えず強く持ち続けることになります。

親になることが、実質的に大人になることを意味する。そこに日本の社会の特徴があるかもしれません。

そうなると、親にならない人間は、大人とは言えない。そうなってくるようにも思えますが、決してそうではありません。

親になった人間がとる態度、姿勢が規範となり、他の人間も同じような態度、姿勢をとるようになっていきます。それを求められるとも言えます。

日本で、成人式がただの形式的なものになり、通過儀礼としての重要性を持たないのも、親になることの方がはるかに重要だからです。

親になって、親子の関係になる。それは、一つの経験として、その後の人生にも大きな影響を与えます。日本の社会においては、それほど親になることの意味は重いのです。

第三章

神さまが親の社会

私たちのものの考え方に宗教は大きな影響を与えます。親子についても、宗教は無関係ではありません。一神教の世界では神は世界を創造した親で、その子どもである人間の上に君臨しています。その分、人間の間には上下の区別がなく、ブラザーであり、シスターなのです。そして、人間の間では、親子よりも夫婦の関係が重視されます。日本では、果たして夫婦は人間関係の基礎的な単位となっているのでしょうか。親子の関係は、人間の社会において普遍的なものでも、そのあり方は大きく異なるのです。

第二章では、日本の社会において、親になること、あるいは親子関係が重要視されていることを見ました。

しかし、親子の関係は、どの社会にも見られる普遍的なあり方です。

あり方は普遍的でも、国が違うと、あるいは文化が違うと、親のあり方や、親子関係は変わってきます。これは、普段意識しないことです。その必要もないからです。

日本の親とフランスの親、韓国の親子関係とアメリカの親子関係は、決して同じものではありません。この違いを知ると、自分のなかにある親像や親子像が、外側から規定されたものので、必ずしも絶対ではないことが理解されてきます。

韓国で作られた「韓流ドラマ」は、日本ではずっとブームになっています。それにはまっている人も少なくありません。

韓流ドラマを見てみると、韓国では、親子の結びつきが日本よりもはるかに強いと感じます。

その強さがドラマを盛り上げていくことになります。関係が強いものであればあるほど、そこからさまざまな出来事が生まれ、葛藤や対立も激しいものになっていきます。

それが、ドラマを面白くすることに貢献しています。ですが、もし自分の家族がそのようになっていると想像してみたら、かなり鬱陶しい。そう感じる人も少なくないはずです。

私が子どもの頃には、韓流ドラマなど、テレビではまったく放送されていませんでした。韓流ドラマが最初にブームになるのは、２００３年からＮＨＫのＢＳで、そして翌年には地上波で放送された「冬のソナタ」からでした。私も、このドラマは見ました。たしか、途中から見始めたように思うのですが、再放送で全部見直しました。

私が子どもの頃に見ていた海外のドラマは、すべてアメリカのものでした。テレビは、最初、アメリカで発達しましたから、アメリカで作られた番組が日本にもかなり入ってきたのです。家族を描いたものとしては、「アイ・ラブ・ルーシー」からはじまるシリーズや、「パパは何でも知っている」、「奥さまは魔女」といった作品のことは覚えています。

その当時、アメリカのドラマを見ると、日本との違いに驚くことも少なくなかったのですが、親子関係ということでは、アメリカの夫婦がまだ幼い子どもをベビーシッターに預けて、夫婦二人で外出し、食事をするなり、映画を見るなりして楽しんでいる光景はひどく新鮮で、また随分違うものだと思わせてくれました。

そんなことは到底考えられない。子どもを他人に預けて、夫婦だけで遊びに行くなど親として不謹慎だ。当時の日本で同じことをすれば、そんな受け取り方をされたのではないでしょうか。

国によって、随分と違うものですが、どうしてそういう違いが生まれてくるのでしょうか。それについてはさまざまな要因が考えられますが、宗教の影響が、実はかなり大きいのではないでしょうか。

宗教と親子関係というのは、普通はあまり注目されないところです。しかし、宗教というものは、それを信仰する人々の価値観の根本にあって、人の行動の仕方や考え方に大きな影響を与えます。

宗教が異なれば、人々の暮らしも異なるものになってくるのです。

日本では、宗教を信じているかどうかを、特定の宗教教団に加入していることを基準に考える傾向が強いように思います。教団に入っていれば信仰を持っており、入っていなければ無宗教だというわけです。

しかし、「はじめに」でも述べたように、特定の教団に入っていない人間も、宗教活動は行っています。神社やお寺を訪れて、そこで参拝をするという行為は、神や仏が存在していることを前提とするもので、宗教とは無縁ではありません。そこに神も仏もいないのなら、私たちはまったく無意味なことをしていることになってしまいます。

宗教の教えのなかには、この世界をどのようにとらえるかという世界観、死んだ後にどうなるかを説く死生観、あるいは他界観が含まれています。

たとえば、日本人の世界観として「無常観」ということが言われます。「無常感」と感の字が使われることもあります。無常観、無常感は、あらゆるものごとは一定ではなく、絶えず変化していくというとらえ方です。この場合の無常ということばは、仏教に由来します。

私たちは、日常生活において、もともと仏教で説かれたことばを使って表現し、コミュニケーションをはかっています。

いくつか例をあげるなら、因果、因縁、宇宙、四苦八苦、出世、退屈などが仏教のことばです。私たちは、こうしたことばを通して、意識しないまま仏教の信仰にふれているのです。仏教の教えを通して世界を見ていると言ってもいいでしょう。

人が亡くなったとき、形式はさまざまですが、何らかの形で葬式が営まれます。その際に、故人は仏になったとか、浄土や天国に生まれ変わったという言い方をされるのが一般的です。ここには、仏教の死生観、他界観がはっきりと形にして現れています。

私たちは、浄土や天国が実在すると信じているわけではないにしても、亡くなった人がまったくの無になってしまうとは考えません。

昔、『人は死ねばゴミになる』（伊藤栄樹）というタイトルの本を出版した検事総長がいました。その本は癌の闘病記でした。そこから、「人は死ねばゴミになる」という表現が一般にも使われるようになったのですが、ゴミになると考えている人もそれほど多くはないはずです。

ということは、私たちのなかに、人は死んでも何らかの形で魂が生き続けるという信仰が潜んでいることになります。

人間には、想像力というものが備わっています。想像力があるということは、形のないもの、目に見えないものを思い描き、さらにはその実在を信じることができるということを意味します。

これは、人間以外の動物にはできないことです。人間に近い猿でも、神や仏、霊が存在していると信じることは不可能です。

宗教と親、宗教と親子関係ということで、真っ先に思い浮かぶのが神のあり方です。神を親としてとらえる、そういう見方が存在します。そのことについて考えてみる必要があります。

キリスト教が世界で一番信者が多い宗教になります。それに続くのがイスラム教です。この二つの宗教はともに一神教で、しかも、同一の神を信仰していると考えることができます。さらにこの二つの宗教は、ユダヤ教から発しています。ユダヤ教から一神教の伝統がはじまったのです。

イスラム教の神はアッラーです。アラビア語に近い発音で言えば、アッラーフです。アッラーは、キリスト教で信仰されている神とは異なるものだ。アッラーという呼び方からは、そのように考えられます。

ところが、アッラーは、神の名前を示す固有名詞ではありません。アッラーは、神を意味するアラビア語の普通名詞です。イスラム教でアッラーが信仰されていると言われたとき、それは、イスラム教徒は神を信仰していると言うことと同じ意味なのです。このことは、一般には理解されていないところでしょう。

イスラム教では、イブラーヒムという人物を自分たちの信仰上の模範としてとらえています。イブラーヒムというのは、旧約聖書の「創世記」に登場するアブラハムのことです。ここにイスラム教とユダヤ教との密接な関係が示されています。

アブラハムが99歳になったとき、念願の子どもを授かります。そのとき、妻のサラは90歳になっていました。現実にはあり得ない話ですが、これは、アブラハムとサラの夫妻がいかに子どもを授かることを希《こいねが》っていたかを強調するための設定でしょう。

二人に待望の子どもが生まれたとき、神はアブラハムに命じます。生まれたばかりの子どもを犠牲にしろというのです。

長く待ち望んだ子どもですから、アブラハムが拒んでも不思議ではありません。ところが、神に対して忠実なアブラハムは、まったく躊躇《ちゅうちょ》することなく、ただちに子どもを犠牲にしようとしたのです。

イスラム教では、神の命令にいっさい疑問をさしはさまなかったアブラハムを、信仰者の模範としてとらえ、そこから自分たちの宗教がはじまったというとらえ方をしています。イスラム教徒を意味するムスリムということばは、帰依する人間を意味しますから、まさにアブラハムは、帰依する人間の代表であり、模範であるということになります。

イスラム教の考え方からすれば、ユダヤ教で信仰される神も、キリスト教で信仰される神も、そして自分たちが信じるアッラーも、まったく同じ神であるということになります。そして、自分たちの信仰のルーツは、アブラハムにあるとするのです。

そのアッラーについて、イスラム教の聖典である「コーラン」においては、「よく赦《ゆる》し給《たも》う慈悲深い御方」であるとされています。アッラーには怖いというイメージがつきまとっているかもしれませんが、慈悲深いということがくり返され、人間が過ちを犯しても、それに赦しを与えてくれる存在であるということが強調されているのです。

「コーラン」のなかで、アッラーが親とされているわけではありません。けれども、人類にとっては自分たちを創造した絶対的な存在で、しかも慈悲深いとされているわけですから、人類全体の親として受け取られているはずです。

神を親としてとらえる傾向が明確なのがユダヤ教とキリスト教です。この二つの宗教は、ユダヤ・キリスト教とも呼ばれ、伝統を共通にしているととらえられていますが、どちらにおいても、「父なる神」という言い方が使われます。

では、どうして神は父としてとらえられているのでしょうか。

それはもちろん、神が世界を創造し、人類を生み出したからです。

「創世記」では、天地を創造した神は、6日目に獣と家畜を創造し、人間も創造したとされています。最初に創造された人間がアダムとイブになります。

そこから、神を父としてとらえる見方が出てくるわけです。ユダヤ教では、旧約聖書の最初におさめられた5つの文書、「創世記」、「出エジプト記」、「レビ記」、「民数記」、「申命記」を「トーラー」と呼び、もっとも重要な聖典ととらえています。

「申命記」32章6には、「愚かな知恵のない民よ、／あなたがたはこのようにして主に報いるのか。主はあなたを生み、あなたを造り、／あなたを堅く立てられたあなたの父ではないか」と述べられています。神ははっきりと父としてとらえられているわけです。

神は人間を創造した存在であるわけですから、人間の親であり、父であると考えられるのは当然です。しかも、人間が堕落したと判断されたとき、神は、大洪水を引き起こし、忠実なノアの家族とつがいの動物を除いて、人間たちを地上から一掃してしまいました。そこには、相当に厳格な父というイメージが伴っています。

昔の日本のテレビ・ドラマでは、気に入らないことがあると、卓袱台《ちゃぶだい》をひっくり返してしまう父親が登場することがありましたが、「創世記」の神は、壮大な卓袱台返しを行う存在であるとも言えます。

神を父としてとらえる神観は、ユダヤ教からキリスト教に受け継がれ、キリスト教では、神に対して「父なる神」と呼びかける伝統が生み出されていきます。

その点が、もっとも明確に示されているのが、キリスト教の祈りのことばである「主の祈り」です。それは、「天にましますわれらの父よ」ということばからはじまります。キリスト教徒であれば、祈るときに必ずこのことばを唱えますから、自然と神を父としてとらえるようになっていきます。

キリスト教の特徴について考えてみたとき、神を父としてとらえ、それを慕う宗教であると見ることができます。これほど、神の父としての側面が強調される宗教は、ほかに存在しないのではないでしょうか。

そのことは、キリスト教が広まった世界、社会にも多大な影響を与えています。父親は、神と重ねられてとらえられることになるからです。

キリスト教を開いたとされるイエス・キリストは、神を父として生まれました。母親のマリアは、聖霊によって処女のまま懐胎し、イエスを産みました。そのため、イエスは「神の子」と呼ばれます。神の子というとらえ方は、ユダヤ教にはなかったものです。

しかも、キリスト教には「三位一体」の教義があります。キリスト教はさまざまな宗派に分かれていきますが、ほとんどの宗派が三位一体を教義として認めています。三位一体とは、父なる神、神の子イエス、そして聖霊は、すべてが同じ神の現れであり、一体の関係にあるというものです。

神とイエスと聖霊を、それぞれ別の存在としてとらえてしまうと、一神教ではなく、多神教になってしまいます。

しかし、神とイエスとが父と子の関係にあることをはっきりと示したい。それによって、神が父であることの重みを強調したい。三位一体の教義は、キリスト教が多神教になってしまいかねないという難しい状況を切り抜けるために生み出された教えです。ただ、その意味を理解することは容易ではありません。

神は、イエス・キリストの父であるばかりではなく、キリスト教の信者全体の父でもあります。

それを反映して、キリスト教においては、いたるところで父という存在が顔を出します。まず何よりも、キリスト教の聖職者は「神父」と呼ばれます。今からおよそ500年前にプロテスタントが生まれ、そちらでは聖職者は「牧師」と呼ばれます。しかし、プロテスタントが生まれるまで、キリスト教の世界全体で、聖職者は神父と呼ばれていました。

神父は、英語ではFatherです。大文字が使われていて、聖職者であることが示されていますが、まさに父です。そのもとになったラテン語ではpaterで、これも父親を意味します。

父なる神と一般の信者のあいだを仲介する役割を果たす聖職者は、「父」と呼ばれているわけです。父ですから、聖職者は神と重なる存在としてとらえられます。

カトリック教会の頂点に立つのがローマ教皇ですが、教皇は「イエス・キリストの代理者」と位置づけられています。カトリック教会では、現在でもラテン語が公用語になっていて、教皇のことはEpiscopus Romanusと呼ばれます。ローマ司教という意味です。

ところが、ローマ教皇の俗称がPāpaです。イタリア語では、父親のことをPapàと呼びます。PāpaとPapàでは、アクセントの位置が異なりますが、ローマ教皇に父親のイメージが重ねられていることは間違いありません。

キリスト教会の歴史においては、もう一つ父と結びつく存在として、「教父」という人物が登場します。

教父は、ラテン語でPatres Ecclesiaeですが、英語では、Church Fathersと言います。初期のキリスト教において、教義を確立する上で重要な働きをした人物が教父で、もっとも有名で影響力が大きかったのが、4世紀から5世紀にかけてのアウレリウス・アウグスティヌスです。アウグスティヌスには、「告白」や「神の国」といった著作がありますが、これは現在でも読み継がれています。

神が父であるだけではなく、地上の教会にはさまざまな父がいる。それが、キリスト教の世界の特徴なのです。

ただ、プロテスタントになると、聖職者の言い方はさまざまで、宗派によって異なってきます。英語では、clergyman, minister, pastor, parson, rector といった言い方になります。日本ではほぼ牧師に統一されています。

プロテスタントは宗教改革を経て誕生したわけで、さまざまな点でカトリックとは異なっています。その相違点の一つとして、神だけを父とするということをあげることができるかもしれません。神父も教父もいないわけですから。そこには、神が絶対の存在であることを強調しようとする傾向が示されています。このことは、プロテスタントの多い社会に大きな影響を与えているのではないでしょうか。

このようにキリスト教は、父性の強い宗教です。父ということを中心に動いています。父なる神は絶対の存在で、人間の運命を左右します。しかし、その分、人間からすれば、怖い存在であるということを意味します。イスラム教で神が慈悲深く、あらゆることを赦す点が強調されているのも、あまりに神が厳格な存在であるとされると、信仰を躊躇《ためら》う人間が出てくるからでしょう。

キリスト教では、イスラム教とは違い、神の慈悲深さ、赦すという点が強調されることはありません。

しかし、それでは、信者が信仰を継続させることが難しくなります。厳しい父にはついていけない。そう感じる人が現れてくるからです。

そこで、重要な働きをするようになるのが、イエスの母、マリアです。

イエスの伝記をつづったものが新約聖書の「福音書」ですが、そのなかで、マリアについてふれられているのは、イエスを産んだときのことだけです。

「福音書」には、マルコ、マタイ、ルカ、ヨハネによる福音書と4つの種類がありますが、一番先に成立したマルコによる福音書になると、イエスが生まれたときのことについてはいっさいふれられていないので、母であるマリアはまったく登場しません。

イエスが十字架刑に処せられたとき、マグダラのマリアやヨハネの母マリアがそれを見守ったとされていますが、この二人のマリアは、イエスの母のことではありません。

ところが、キリスト教が歴史を重ねていくにつれて、聖母マリアに対する信仰が高まっていきます。

とくに19世紀から20世紀はじめの時代には、ヨーロッパ各地で聖母マリアが出現するという出来事が頻繁に起こり、それがマリアに対する信仰を強化することに貢献しました。

マリアが出現した出来事として、もっとも重要なのがフランスのルルドでのことです。マリアは、幼い少女ベルナデッタの前に現れました。マリアの出現は18回に及びましたが、その姿を見ることができたのはベルナデッタだけでした。

その後、マリアが出現したルルドは、カトリック信者の重要な巡礼地になっていきます。世界中から、病気の治癒などを求めて多くの信者が集まってきます。日本にあるカトリック教会のなかには、フランスのルルドを模した洞窟が作られているようなところが少なくありません。

ただ、カトリック教会では、神に対する信仰と、マリアに対する信仰とを区別し、前者については「崇拝」、後者については「崇敬」ということばを使います。英語では、崇拝は worship で、崇敬は devotion です。

ここで一つ注目されるのは、マリアをどのように表現するかです。

日本では、聖母マリアという言い方が一般化しています。海外でもマリアが母としてとらえられることはあります。Mother Mary といった形でです。

しかし、処女マリア、Virgin Maryと呼ばれる方が多くなっています。母であることよりも、処女のままイエス・キリストを懐胎した点が重視されるわけです。

もちろんマリアは、三位一体を構成しているわけではありません。しかし、キリスト教美術の世界では、マリアとイエス、そしてマリアの夫ヨセフを描いた「聖家族」や、マリアとイエスだけを描いた「聖母子」が数多く描かれました。

それはあたかも、イエスを中心とした家族、あるいは親子が信仰の対象になっているかのようです。

父なる神については、偶像崇拝の禁止ということがあり、キリスト教美術の世界でも、直接その姿が描かれることはほとんどありません。

本来の聖家族は、父なる神、イエス、そしてマリアから構成されるものであるはずです。あるいは、聖霊、イエス、マリアということになるかもしれません。マリアが天使から、神の子を宿したことを告げられる「受胎告知」の絵では、聖霊が鳩として描かれるのが一般的です。

この点を踏まえ、一神教であることを強調し、偶像崇拝の禁止が徹底されているイスラム教からすれば、キリスト教は多神教なのではないかという疑いをむけられることになります。

偶像崇拝の宗教ではないかという批判がされても不思議ではありません。

さらに、キリスト教では、修道士、修道女のことを「ブラザー」、「シスター」と呼びます。ブラザーやシスターは、一般的には、兄弟や姉妹のことをさしますが、日本との違いは、兄と弟、姉と妹のあいだに区別がないということです。elder と younger という比較級を使って、兄と弟、姉と妹が区別されることはあります。けれども、ただ brother とされたり、sister とされることの方が、実際には多いのではないでしょうか。

そのため、兄なのか、弟なのか、姉なのか、妹なのかがわからないということもしばしば起こります。

それも、親を同じくする兄弟姉妹であるかどうかが重要で、そのなかで上か下かということに関心がむけられていないからです。

その原因は、ブラザーとシスターとが修道士（女）に使われるもので、父なる神のもとで、兄弟姉妹は平等であると考えられていることが影響しているように思われます。

このように、キリスト教が広まった社会においては、親と子、兄弟姉妹の関係が、宗教の世界と密接に結びついています。宗教の世界での親子の関係や兄弟姉妹の関係の方がはるかに重要で、一般の親子関係や兄弟姉妹の関係は、キリスト教の信仰に大きく影響を受けることになるのです。

第一章で、アメリカ映画のなかの父殺しについてふれました。若くして亡くなった伝説の俳優、ジェームズ・ディーンが主演した「エデンの東」もテーマは同じです。

ジェームズ・ディーンの演じた主人公のキャルの父親は厳格で、なおかつ信仰の篤い人物です。キャルは、父親に愛されることを求めていますが、父親は兄のアロンの方を愛しています。そこで父親と息子とのあいだの葛藤が生まれ、悲劇を生むことになります。

「エデンの東」というタイトルが示しているように、この映画は、「創世記」に出てくるカインとアベルの物語を下敷きにしています。カインとアベルは、アダムとエバが、エデンの園を追放されてから産んだ子どもです。

「創世記」で、カインとアベルの兄弟は神に捧げ物をするのですが、神は弟のアベルの供物には関心を持ちますが、兄のカインの供物には関心を向けませんでした。そこでカインはアベルに嫉妬し、弟を殺してしまうのです。

この物語で、なぜ神が兄弟を差別したのか、その理由は語られていません。だからこそカインは弟に嫉妬するとも言えます。「エデンの東」の映画では、嫉妬するのは弟で、弟は兄に、堕落した母親の姿を教えることで復讐をとげます。

アメリカ映画に登場する父親は、兄弟のどちらかだけを愛しています。スティーブン・キングの小説を映画化した「スタンド・バイ・ミー」では、主人公のゴーディは、兄のデニーを自動車事故で亡くしていますが、父親は、フットボールの名選手だったデニーの方ばかりを愛していました。ですから、父親はデニーの死から立ち直ることができず、それがゴーディに辛い思いをさせることになるのです。

こうした映画が作られるのは、「創世記」に語られた物語が、人間の本質にかかわるような興味深いものだからです。

しかし、父親と息子の葛藤を示した物語が、映画の題材として用いられるということは、アメリカの社会のなかに、実際にそうしたことが頻発するからではないでしょうか。現実に起こっていることだからこそ、そうした物語に興味を抱くわけで、現実と無縁なら、映画を作っても見向きもされないはずです。

聖書では、父としての神が強い力を持っていることが強調されています。神は、自分が創造した人間の運命を左右できる絶対的な権限を有しているものとして描かれています。

その神を信仰する人々は、人間の父も同じような力を持っていると考えます。また、父親の方も、自分は神のように強い力を持ち、他の家族をしっかりと守っていかなければならないという意識を持つことになります。

そうした父親像が生まれるのも、アメリカの歴史を考えれば当然のことでしょう。アメリカでは、フロンティアを求めて、開拓を進め、土着のネイティブ・アメリカンとのあいだの戦いをくり返していきました。

そうした開拓や戦いを統率するのは、家族のなかの父親であり、父親は他の家族に対して強い態度で臨むことになったのです。アメリカは「銃社会」ですが、銃は父親の権威の象徴と見ることができます。だからこそ規制が難しいのです。

こうした父親像は、日本でも、戸主権が存在した戦前には近いものがあったとも言えるでしょう。その場合には、法律が裏づけになっていたわけです。

それに対して、アメリカの場合には、キリスト教という宗教が裏づけになっています。さらに言えば、ユダヤ教からはじまる一神教の伝統が、父親像を形作る上で決定的に重要な役割を果たしていると言えます。

それに比べれば、母親像は明確ではありません。アメリカがカトリックの国なら、聖母マリアが母親像の形成に貢献していたことでしょう。ところが、アメリカでは、アイルランドやイタリアからの移民を除けば、カトリックは少数派です。

そうなると、母親はあくまで、強い父親の伴侶という位置づけになってしまいます。子どもに相対するのは父親であり、母親ではない。極端に言えば、そういう傾向が見られます。

夫婦が、幼い子どもを預けて出かけてしまうのも、夫婦の関係が基本で、夫と妻のあいだには、結婚しても恋愛の要素が不可欠だと考えられているからでしょう。絶えず、「アイ・ラブ・ユー」と言い交わし、愛を確認するのも、あるいはしなければならないのも、そうした背景があるからです。

同じ親という存在であっても、そのあり方は宗教によって根本的に変わってくる。私たちは、親の問題を考えるにあたって、その点を考慮に入れなければならないのです。

第四章

親を十分に語れないキリスト教と仏教

キリスト教の開祖、イエス・キリストは独身のまま十字架に架けられて殺されました。仏教の開祖であるブッダは、家族を捨てて出家してしまいました。したがって、聖書にもインドで作られた仏典にも、親子関係をどうするべきかについての教えは示されていません。例外はイスラム教です。開祖であるムハンマドは生涯俗人でした。したがって、親子のあり方についても説いています。キリスト教と仏教が、親子関係を考える上で実は役に立たないということは興味深いことで、そこに注目する必要があるのです。

第三章では、一神教の世界、とくにキリスト教における親のとらえ方について考えました。根本的には、親は神です。神以外に究極の親はいないのですが、教会の制度が発展してくると、聖職者が親としてとらえられるようになります。キリスト教の聖職者は生涯独身を守るわけですから、子どもをもうけることはありません。ただし、ヨーロッパの中世においては、それが徹底されず、女性と関係を結び、子どもをもうけるような聖職者も現れました。

しかし、あくまで独身を守ることが原則で、それを徹底しようとして、私有財産を認めず、托鉢によって生活を賄おうとする托鉢修道会なども設立されました。

キリスト教において、聖職者が独身を守るのは、イエス・キリストにならってのことです。最近では、イエスが生まれたのは、紀元前4年くらいだったのではないかと考えられています。そして、紀元28年頃に十字架に架けられて殺されたとされています。イエスの生涯は30歳をわずかに超えただけでした。殺されるまで、教えを説き、苦しむ人々を救う活動をしていたとされますが、結婚はしていません。もちろん、子どももいません。イエスは独身のまま十字架刑に処せられました。

もうこれは15年以上前のことですが、『ダ・ヴィンチ・コード』という小説が世界的なベストセラーになり、映画も大ヒットしたことがありました。

私には、小説も映画もあまり面白いものには思えませんでしたが、物語の究極の謎は、イエスはマグダラのマリアと結婚していて、そのあいだに女の子が生まれ、その子孫が修道会によって守られてきたというものでした。

この設定には、カトリック教会が強く反発しました。それも、イエスに子どもがいるなどということは大スキャンダルにほかならないからです。

イエスの生涯については、新約聖書の「福音書」に記されています。でも、イエスは生涯独身だったので、イエスがどういった家庭生活を送ったかなどはまったく書かれてはいません。

ということは、イエスの教えから、親はどうあるべきか、子は親に対してどうあるべきかを知ることができないということを意味します。「イエス・キリストの子育て論」は生まれようがないのです。

前の章でもふれたように、キリスト教の旧約聖書は、キリスト教がユダヤ教の聖典である「トーラー」を取り込んだものです。トーラーには、預言者を通して下された神のメッセージが示されています。そのなかには親子関係に関連したものもあります。

一番よく知られているのは、モーセの十戒のなかにある、「あなたの父と母を敬え」でしょう。十戒の前半は、ただ一つの神だけを信仰し偶像崇拝はいけない、と説いた、いかにも一神教の戒律からなっています。ところが、後半は、殺してはならないなど、あらゆる宗教に普遍的に見られる戒律からなっています。親を敬えというのは、その典型と考えることができます。

新約聖書でも、この十戒は取り入れられています。イエスの死後に、イエスの教えをユダヤ人以外の人たちにも伝え、キリスト教が発展する礎を築いたパウロは、十戒の戒めを踏まえ、「子供たちよ、主にあって自分の両親に従いなさい。これは正しいことなのです」（「エフェソの信徒への手紙」６章１節）と述べています。

教会の説教では、このパウロのことばが取り上げられることが多いのですが、それも、イエスのことばには、そうしたものを見出すことができないからです。

ユダヤ教は、ユダヤ人に特有の民族宗教で、ユダヤ人以外には広まってはいきません。それも、ユダヤ教では、トーラーに説かれたことをもとに、ユダヤ教徒が守るべき法の体系が確立されているからです。それは、「ハラハー」と呼ばれます。ハラハーは、ユダヤ人特有の生活規範を示したもので、それを守る必要があるのはユダヤ教徒に限られます。他の宗教の人間には、意味をなさないのです。

それに対して、キリスト教の場合には、こうした法の体系がありません。ユダヤ教のトーラーにあたる旧約聖書の最初の5章には、戒律が示されているのですが、キリスト教徒はそれをキリスト法として体系化はしませんでした。

それはなぜなのでしょうか。

そこには、キリスト教の根本的な教えが関係しています。

十字架に架けられて殺されたイエスは、墓に葬られます。ところが、それから3日目にマグダラのマリアなどが墓に行ってみると、そこに遺体はなく、イエスは復活をとげていました。そして、弟子たちの前に現れ、最後は天に昇り、神の右に座を占めます。

これは、マルコによる福音書とルカによる福音書に記されていることですが、福音書に書かれているのはイエスの昇天までです。

しかし、新約聖書の終わりには、ヨハネの黙示録があり、世の終わりについて描かれています。そこでは、悪魔が決定的に敗北し、最後の審判が行われると説かれています。

そこから、キリスト教では、この最後の審判が間近に迫っているという信仰が説かれるようになります。救われたいと考えるなら、一刻も早くキリスト教の信仰を獲得しなければならないとされたのです。これが、一番初期のキリスト教のあり方ということになります。

しかし、最後の審判はなかなか訪れませんでした。そこに、キリスト教の信仰が大きく変化していく根本的な原因がありました。世の終わりの予言が外れたのだから、それで信仰が廃《すた》れても不思議ではないのですが、キリスト教ではやがて、原罪ということが説かれるようになり、罪を贖《あがな》うことができるのはキリスト教の教会だけだと考えられるようになります。

最後の審判の際には、イエス・キリストがふたたびこの地上に現れ、人々を救うと考えられていたのですが、その時が訪れないとなれば、新しい信仰のあり方を示さなければならなかったのです。

最後の審判をひたすら待ち望んでいるときには、日常生活は二の次になります。ところが、その時が訪れないのですから、ずっとその状態にあるわけにはいきません。キリスト教の教会は、洗礼や堅信、結婚、終油といった通過儀礼を「秘跡」として取り入れ、信仰を日常化させていきます。

しかし、だからといって、ユダヤ教のハラハーに匹敵するようなキリスト法は生まれなかったわけですから、子育てについては、十戒の「あなたの父と母を敬え」などをもとにして説くしかないのです。パウロのことばも、これがもとになっています。

キリスト教の世界では、神という父が存在します。母と言えば、これはとくにカトリックでということになりますが、マリアです。人間の世界の上に、神の世界として、父なる神、聖母マリア、そして神の子キリストという神聖な家族が君臨しています。

それに比較して、人間の家族は小さなものと言えるかもしれません。英語で言えば、父なる神が大文字のFatherで、人間の方は小文字のfatherです。

父なる神からすれば、人間全体がその子どもの立場にあります。だからこそ、皆がbrotherであり、sisterであり、そこでは年齢の違いで上下関係が生じることがないのです。

そうなると、人間の親子の関係は、神と人間との関係に比べると、重要度が低いものになり、親になるということが人生において決定的な出来事ではなくなってきます。

では、日本人にとっては、キリスト教以上に馴染みの深い仏教の場合にはどうでしょうか。

仏教は、6世紀に朝鮮半島を経由して日本に伝えられました。それまで、日本には土着の神道が存在しましたが、神道は民族宗教で、開祖がいないため、教えもなければ、聖典もなく、救済の手段を持たないものでした。

それに比較して、仏教は、インドで生まれ、中国で盛んに信仰されたため、発展をとげ、宗教としての体系性を備えていました。もちろん、開祖としてブッダがいるわけで、教えがあり、それは膨大な量に達する仏典に記されていました。しかも、救済の手段についても確立されていました。

何より、当時の日本人を驚かせたのは、高度な技法を用いて造られた仏像でした。それは、いかに仏教が発展し、優れたものであるかを示していました。当初の段階では、仏教を取り入れるかどうかで豪族のあいだで議論や対立があったとも言われていますが、結局、日本人は仏教を受け入れ、それは神道と並立する形で歴史を重ねていきました。

しかし、子育てという側面から考えると、仏教にも決定的な欠陥があります。なにしろブッダは、妻や子どもがいるにもかかわらず、それを捨てて、出家してしまったからです。

ブッダは紀元前5世紀前後の人物で、北インドに生まれたとされています。もともとはシャーキヤ族の王子でした。だから、釈迦と呼ばれるのです。

王子ですから、何不自由なく育ちました。

ところが、あるとき気づいたのです。人生は苦に満ちているということをです。

住んでいた城の東の門を出てみると、そこには、歯がなくなって、腰がまがり、杖をついた老人がいました。この出会いによって、ブッダは老いの苦しみを知りました。

次に南の門を出てみると、そこには病気にかかった人がいました。これによって病むことの苦しみを知ります。

そして、西の門を出てみると、葬式の列に遭遇します。人はいつか死ななければならない。ブッダは、こうして死という苦しみを知ったのです。

最後、北の門を出ると、そこには、出家した僧侶がいました。ブッダは、その清々しい姿を見て、出家を決意したとされています。

ブッダが出家したのは29歳のときのことでした。

そのとき、ブッダはすでに結婚していました。子どももいました。子どもの数についてはいろいろな説があります。ブッダの子どもとしてよく知られているのはラーフラです。中国語では羅睺羅《らごら》ですね。ラーフラも後には出家して、父親であるブッダの弟子になったとも言われています。

ラーフラの母親は、ブッダが出家する前に妊娠していて、出家してから5年後にラーフラを産んだなどという話も伝えられています。

妊娠期間が5年に及ぶなど考えられないことですが、大昔のことですから、神話、伝説と考えていいでしょう。ブッダの生涯についての話は、すべて時間をかけて作り上げられた「お話」と考えるべきでしょう。

ブッダが出家するときには、弟子をひとりだけつれて、馬に乗って夜中に城を出たとされています。

このときのことは、「出城《しゅつじょう》」と呼ばれていますが、夜中に城を出たのは、家族に気づかれたら引き留められるのがわかっていたからです。

つまり、こっそりと出家したわけですね。家族を捨ててしまうのは申しわけない。でも、家族に気づかれないようにという配慮は、あくまで引き戻されないためです。ブッダの家族からすれば、若くしての出家など、勝手なふるまいにほかなりません。

インドには古代から「四住期《しじゅうき》」という考え方があります。これは、人生を４つの段階に分けるもので、古代に栄えたバラモン教の経典に記されています。

四住期は、師のもとでバラモン教の聖典であるヴェーダを学習する学生期《がくしょうき》、家にあって子どもをもうけるとともに家庭内で行われる祭式を主宰する家住期《かじゅうき》、森に退いて隠棲し修行する林棲期《りんせいき》、それまで住んでいた場所や家族を捨てて乞食遊行する遊行期《ゆぎょうき》に分かれています。

出家という行為は、最後の遊行期に相当するわけで、その点では、ブッダの出家はインドの伝統にかなっていたと言えます。しかし、果たしてブッダは家住期をまっとうしたと言えるのか、それは疑問です。何しろまだ29歳ですし、子どもは小さいわけです。林棲期も経ていません。

乳飲み子がいるのに、出家してしまう。いくら人生の苦に直面したからといって、それはあまりにひどいことではないでしょうか。

出家したブッダは、師匠について苦行を行ったものの、それが無駄だと感じて、修行していた山を降り、菩提樹の下で瞑想に入り、それで悟りを開いたとされています。

本人はそれで苦から脱することができ、その後は、どうやって悟りを開けばいいのか、それについて説法しながら、インド全土を歩き廻ったとされています。

でも、家族のもとに戻ったわけではありません。家族は捨てたままです。

「自分勝手だ」

そんな話は伝わっていませんが、家族が怒ったとしても無理はありません。

そんなブッダです。

ブッダに親としてどういう振る舞いをしたらいいのかを尋ねても、芳しい答えがかえってくる見込みはありません。

「ブッダの子育て論」なんて、存在しようがないのです。

仏教を含め、インドの宗教の大前提は、「輪廻《りんね》転生《てんしょう》」です。人間は死んでも生まれ変わる。そのように考えられてきました。

日本人の感覚だと、生まれ変わる対象は同じ人間ということになります。しかし、インドでは、何に生まれ変わるかは分からないとされてきました。ふたたび人間に生まれ変わる可能性もないわけではありませんが、他の動物や虫などに生まれ変わる可能性もあるわけです。仏教の基本的な戒律である「五戒」で、生き物を殺してはならないとする不殺生戒が説かれるのも、それが関連しています。

蚊に刺され、その蚊にまた襲われれば、私たちは、それを殺そうとします。しかし、輪廻転生があるとすれば、その蚊は、最近亡くなった祖父や祖母の生まれ変わりかもしれません。殺してしまえば、祖父母はまた輪廻転生し、生まれ変わりをくり返していくことになります。何に生まれ変わるかわからないし、虫などに生まれ変わったとすれば、その運命は過酷です。

輪廻転生を前提とするインドの社会では、人生は苦に満ちているととらえられます。ブッダの体験にもとづいて仏教では四苦ということが説かれますが、老いることも、病むことも、死ぬことも、そして生まれること自体が苦だというのです。

仏教はそうした死生観を持っているので、現世での暮らしについては関心がむけられません。仏教の基本は、どうしたら輪廻転生から脱することができるかを追求することにあって、死んだらもう二度と生まれ変わらないことを理想としてきたのです。そして、輪廻転生をくり返さないためには、執着から逃れることが不可欠だとされます。

ブッダのもともとの教えに近いものが記されているとされる「スッタニパータ」というパーリ語の仏典があります。日本に伝えられた仏教は、ブッダが亡くなってから数世紀後に説かれた大乗仏教で、それはサンスクリット語で仏典に記されています。これよりも、パーリ語で記された部派仏教、テーラワーダ・ブッディズムの仏典の方が古いとされています。

「スッタニパータ」は、そのなかでももっとも古いものです。

そのなかに、こんなことばが出てきます。それは、ブッダが説いたものです。

師は答えた、

「子のある者は子について憂い、また牛のある者は牛について憂う。実に人間の憂いは執著するもとのものである。執著するもとのもののない人は、憂うることがない」

（中村元訳『ブッダのことば―スッタニパータ』岩波文庫、34）

あるいは、「あらゆる生きものに対して暴力を加えることなく、あらゆる生きもののいずれをも悩ますことなく、また子を欲するなかれ。況《いわ》んや朋友をや。犀《さい》の角《つの》のようにただ独り歩め」(35)。

子どもがいれば、執着が生まれるので、子どもを持つことを望むなというのです。インドの宗教の教えは、親子関係にまったく価値をおいていないわけですから、子育てには役に立ってくれません。

では、イスラム教ではどうなのでしょうか。日本では、キリスト教と仏教、それにイスラム教を加えて「三大宗教」という言い方が使われることが多くなっています。

イスラム教は世界的に拡大しています。インドネシアが世界最大のイスラム教国になりますが、東南アジアや南アジアで、その伸びは著しくなっています。インドネシアに次いでイスラム教徒が多いのがパキスタンで、その次がインドです。インドでは、カースト制度から逃れるためにイスラム教に改宗する動きが進んでいますが、インドネシアやパキスタンの場合には、人口の増加が拡大の主要な原因です。ヨーロッパでも、イスラム圏からの移民が増え、西ヨーロッパでは、イスラム教徒の人口が全体の10パーセント程度にまで増えている国も現れています。

イスラム教では、ムハンマドが開祖です。

ムハンマドは、ブッダと違い、家族を捨てて出家などしていません。また、イエスとは違い、独身のまま十字架に架けられて殺されるということもありませんでした。最期は自然死をとげています。

ムハンマドは商人の家に生まれ、自らも商人として活動していました。最初の妻は、15歳年上のハディージャですが、ハディージャも商人だったとされています。

これは、当時のアラブ社会では一般的なことですが、ムハンマドには、ハディージャ以外にも妻がいました。かつての日本も同じでした。昔は、家を守るためには子どもが必要だということで、一夫多妻が認められていたのです。

ムハンマドには12人の妻がいたとも言われますが、子どもは7人とされていますから、実際の妻の数はもっと少なかったかもしれません。

ムハンマドに下された神のメッセージを集めたものが、「コーラン」です。アラビア語に近い言い方だとクルアーンになります。

イスラム教の信者は「ムスリム」と呼ばれますが、ムスリムであるということは、クルアーンに示された神の教えに従って生活することを意味します。

神の定めた法が、「シャリーア」というもので、これはイスラム法ということになります。イスラム教のシャリーアは、ユダヤ教のハラハーと共通したところがあります。豚を食べてはならないとしているところなど同じです。

ただ、クルアーンにはあまり細かな事柄についてはふれられていませんので、もう一つ、シャリーアのもとになるのが、ムハンマドの言行録である「ハディース」です。ハディースは、ムハンマドが周囲の人間に対して言ったこと、あるいはムハンマド自身が行ったことについての伝承を集めたものです。

ムハンマドは俗人として生涯をまっとうしました。ですから、クルアーンでもそうですが、ハディースのなかには、親子関係について述べたものがかなり含まれています。ここが、仏教やキリスト教とは根本的に違うところです。

ハディースには、いくつかの種類があるのですが、中公文庫（『ハディース―イスラム伝承集成』全6巻、牧野信也訳）に入っているものは、アル＝ブハーリー（８７０年没）という人の「真正集」を翻訳したものです。全部で6巻ありますが、その第5巻には、「養育の書」というものが含まれています。

たとえばそこでは、「アブー・マスウード・アル・アンサーリーによると、預言者（ムハンマドのことですね）は『ムスリムが来世の報いを望んで家族のために費やすならば、それは彼にとって喜捨となる』と言った」と書かれています。

喜捨というのは、ムスリムがしなければならないつとめの一つですが、それこそが死後に天国に召されるための重要な条件とされています。つまり、しっかりと家族を養うなら、それで天国に召される可能性が高くなるというわけです。

ブッダに言ってやりたいものですね。

こんなのもあります。ここに登場するアーイシャは、ムハンマドの妻のなかでもっとも年が若かったとされています。

「アル・アスワド・ブン・ヤズィードがアーイシャに、預言者は家で何をしていましたか、と尋ねたとき、彼女は、妻の仕事を助けており、礼拝への呼びかけを聞いたとき、出かけました、と答えた」

イスラム教という、後には世界全体に広がる宗教の開祖が、家のなかで妻の仕事を手伝っていたというのは、ほほえましくもありますが、そのなかには子どもを育てるということも含まれていたのではないでしょうか。

そして、注目されるのは、親孝行にも言及されていることです。ハディースには、いくつかの種類があるわけですが、別のハディースでは、「アブドゥッラー〔イブン・マスウード〕は、次のように伝えている。──預言者はこう言いました。『もっとも優れた行為は、刻限内の礼拝と親孝行です』」となっています（小杉泰編訳『ムハンマドのことば』岩波文庫）。

ムハンマドは、孔子のようなことを説いていることになります。儒教もイスラム教も、日常の暮らしのなかでどう振る舞うべきかを問題にする宗教ですから、案外、共通点は多いのかもしれません。

キリスト教と仏教は、どちらも世俗の世界を否定する傾向があります。キリスト教では、最後の審判がすぐにでも迫っているとされますし、仏教では、輪廻転生のくり返しから逃れるには世俗の生活を捨てる必要があるとされます。

イスラム教でも、キリスト教と同じように、死後天国に生まれ変わることを中心的な目標として掲げていますが、そのためには、救世主の再臨を待つなどとは考えておらず、日々の信仰生活をまっとうすることがもっとも重視されます。だからこそ、イスラム教徒は、今日でも一日5回の礼拝、断食、喜捨、そしてメッカへの巡礼を欠かさないのです。

宗教は、それが広がった地域において、人々の考え方、世界観にかなりの影響を与えます。宗教の教えは究極のものとされ、それを信仰する人間は、その教えに従った生活を送らなければならないと考えられるからです。

ところが、キリスト教や仏教を含めたインドの宗教は、現世の事柄について根本的には関心をむけていないので、親というものをどのようにとらえるか、親子関係をいかなるものにしていけばいいのかの示唆を得ることはできそうにありません。

これは、かなり興味深いことではないでしょうか。

では、日本では、宗教と親、宗教と親子関係とはどのような結びつきを持っているのでしょうか。

第五章

何が日本の親子関係を規定しているのか

仏教は、インドから中国に取り入れられることで大きく変容しました。とくに大きいのが、中国土着の宗教、あるいは哲学である儒教が、仏教のなかに取り込まれたことです。儒教では、「孝」の重要性を説き、親子関係を重視します。そのことは日本にも影響し、近代に入ったときにも、それぞれの家は戸主が率いるという形がとられました。戸主の制度は戦後廃止されますが、現在でもその影響は完全に消えてしまったわけではありません。結婚するために、男性が女性の家を訪れ、そこの父親に「お嬢さんを下さい」と申し込むのは、まさにその名残なのです。

日本で親子の関係が緊密なのは、果たして宗教の影響なのでしょうか。

日本には、土着の神道があり、そこに仏教が伝来しました。神道と仏教は、その成り立ちがかなり違うので、対立することなく、共存する形をとってきました。

なぜそうなったのでしょうか。

私は、神道のことを「ない宗教」と呼んできました。神道には開祖がなく、教えや聖典もなく、救いの手立てもないからです。

それに対して仏教は「ある宗教」としてとらえることができます。ブッダという開祖がいて、教えや聖典があり、救いの手段についてもさまざまなやり方が開拓されてきたからです。

もし、神道にも開祖がいて、「ある宗教」だったとしたら、仏教と対立したはずです。教えが異なっていたら、両方の宗教に従うことが難しくなります。そうなれば、どちらの教えが優れているか、その点をめぐって争いが起こるに違いありません。

ところが、ない宗教とある宗教という形で、その性格が異なっていたために、神道と仏教は対立することなく、むしろ融合してきました。それを象徴するのが、中世から近世まで続いた「神仏習合」という事態です。

明治に時代が改められるときに、「神仏分離」の政策がとられました。それはかなり徹底されたため、神道と仏教は厳格に分けられてしまいます。そのため、今日では、神仏習合の時代にどのようになっていたかが分からなくなってしまっています。神仏習合の痕跡を見出すことが難しいのです。

ただ、身近なところに、その痕跡を探し出すことはできます。浅草に出かけてみれば、浅草の観音様と呼ばれる浅草寺は、三社祭《さんじやまつり》で名高い浅草神社と隣りあっています。浅草寺の本堂のすぐ脇に浅草神社があるわけで、もともと両者が一体であったことは、そこからうかがうことができます。

なにしろ、浅草神社の祭神は、浅草寺の観音様を発見した漁師の兄弟と、その信仰を広めた僧侶だからです。祭神が三柱なので、三社祭となるわけです。毎年3月には、「堂上げ・堂下げ」という行事があり、祭に登場する神輿《みこし》が浅草寺の本堂外陣に担ぎ込まれます。神社とお寺が一体の関係にある、それが神仏習合の時代にはどこでも見られた光景でした。

このように、仏教は神道と習合する形で、日本に定着してきたわけですが、一つ重要なポイントがあります。

仏教はブッダによって説かれた宗教で、インドに誕生しました。だからこそ、輪廻転生の考え方などインドの世界観を基盤にしているわけです。

インドで誕生した仏教は、その後、周辺の国々に広がっていきます。日本の仏教にもっとも大きな影響を与えたのは中国仏教です。中国では、僧侶たちがインドへ出向き、聖典であるお経を大量に持ち帰り、それを翻訳することで仏教の興隆を図っていきました。

一般の宗教では、原典がもっとも重視されます。ユダヤ教ならトーラー、キリスト教なら聖書、そしてイスラム教ではコーランが原典にあたります。そこには、その宗教特有の教えが説かれています。それは神からのメッセージですから、人間が勝手に変更を加えることはできません。原典がもっとも重要で、そこに示された神のメッセージに従うことが、信者のめざすところになるわけです。

ところが、仏教の場合には、そもそも原典がはっきりしていません。ブッダの教えをそのまま伝えているものは、実際には存在していないのです。

最初に生まれたのはパーリ語の仏典、お経ですが、これでも、ブッダが亡くなった後、かなり時間が経ってから作られたものです。生前のブッダが説いたことが明確なものはないので、これを原典として扱うことはできません。まして、ブッダの死後数世紀が経って作られたと考えられるサンスクリット語の大乗仏典ともなれば、果たしてそれをブッダの教えと言っていいのか、そこからして問題になります。

仏教には、原典などないと言えます。したがって、根本に立ち戻ることが難しい宗教で、歴史とともに次々と新しい教えが生み出されてきました。「空《くう》」などという考え方は、パーリ語のお経にはまったく出てきません。それは、大乗仏教になってはじめて説かれるようになった教えなのです。

ですから、仏教は、その本質からして、変化し続けていくものであるということになります。実際、中国に取り入れられた仏教は、大きく変容していきます。

何より、インド人が考えるような輪廻転生の考え方は、中国では受け入れられませんでした。中国の人々は、人間以外のものに生まれ変わるとは考えませんでした。死んだ後には、浄土のような素晴らしい世界に生まれ変わることができると考えたのです。

それも、中国の人々が、インドとは異なり、現世に生きることを徹底した苦としてはとらえなかったからです。現世で正しい生活を送っていれば、来世は浄土に生まれ変わることができる。中国の人々は、そのように考え、仏教の教えもその線に沿って変化をとげていきました。

そこには、仏教が取り入れられる以前に存在していた中国土着の宗教、儒教や道教の影響が見られます。中国の人々は、儒教や道教に親しんでいるなかで仏教を取り入れました。そのため、中国の仏教は儒教や道教の影響を強く受けることになったのです。

儒教は孔子が開祖で、現実の社会のなかで、どのように生きていくかを説いた宗教です。とくに孔子が問題にしたのは、為政者の姿勢で、そこでは徳ということが重視されました。徳は、人格者のとるべき態度ということになりますので、一般の人々にも重要なものになっていきます。

一方、道教は老子が開祖ですが、儒教とは異なり、現実の社会を超えた神仙の世界に生きることを理想とします。ただ、道教では、現世利益の実現をめざす呪術的な信仰も発展しましたので、庶民のあいだでも信仰を集めました。

儒教と道教が浸透しているなかに、仏教が外来の宗教として取り入れられたわけですから、仏教は大きく変容していきました。儒教や道教に傾倒した中国の人々の求めるものでなければ、仏教は広がることはなかったのです。

中国で仏教が取り入れられるなかで、新しいお経が作られることになりました。インドで作られたお経だけを本物としてとらえる立場からすれば、これは、偽のお経、「偽経」ということになります。けれども、そうした中国製のお経では、中国の人々に受け入れられやすい教えが説かれましたから、仏教を広げることに役立ちました。

偽経の代表が、お盆の行事を生んだ「盂蘭盆経《うらぼんきょう》」です。このお経には、親のこと、親子のことを考える上で重要な事柄が含まれているので、その内容を見ていくことにしましょう。

それは、ブッダの弟子である目連《もくれん》という人物にかんするお話です。ブッダには10人の重要な弟子がいたとされていますが、目連はその一人でした。

目連には、つい先日亡くなった青提女《しょうだいにょ》という母親がいました。目連は、母親が天上界に無事生まれ変わったかを天眼《てんげん》で確かめようとします。

ブッダの弟子が、自分の亡くなった母親のことを心配するという設定自体、仏教本来の考え方に従えば、世俗の世界を捨てた出家にはあり得ない話です。しかし、中国の人々は儒教を通して、親に対する孝ということを重視するようになっていたので、たとえ出家した息子であっても、母親の死後を案じるという設定にしたのです。

すると、目連が驚いたことには、青提女は天上界に生まれ変わるどころか、餓鬼界に落とされ、そこで逆さ吊りの責め苦にあっていました。目連は、必死に供物を捧げようとしますが、それは炎で燃え上がってしまい、母親には届きませんでした。

困り果てた目連は、師であるブッダのところに赴き、なんとか母親を救う方法はないだろうかと相談します。

するとブッダは、目連の母が前世で犯した罪はあまりに重いので、目連だけではどうにもならないと言いました。それでは、目連としては絶望するしかありません。ただしブッダは、修行を重ねた僧たちの力を借りれば、母親の罪を消し去ることができると教えてくれます。

では、具体的にどうすればいいのでしょうか。

僧たちの力を借りるには、7月15日に雨期の修行が終わり安居《あんご》になるので、そのときにさまざまな供物を捧げればいいというのです。安居とは、それまで別々の場所で修行していた僧たちが一堂に会して修行をする機会のことを言います。

安居に入った僧たちに供養するなら、今の親から7代前までの先祖や親族が、地獄界、餓鬼界、畜生界から救われ、極楽へ昇っていくことができるというわけです。目連が、その通りにすると、母親は救われました。これが、今日に伝わる盆の行事の由来になります。盆のおりには、施餓鬼《せがき》という形で供物が捧げられるのです。

インドの人々には、こうした考え方は受け入れられません。輪廻転生は宇宙の法則で、人間の力ではどうすることもできないからです。

しかし、中国の人々は、死後の運命を、生きている者が変えることができるという考え方をとったのです。

そこには、儒教の考え方が生きています。

儒教を開いた孔子の教えは「論語」などにまとめられています。孔子は論語のなかで、「怪力乱神《かいりきらんしん》を語らず」と述べています。これは、理屈では説明のできない怪しげな現象、あるいは神秘的な事柄については語ってもしかたがないので語らないということです。

そこには、儒教が、道教とは反対に、神秘的な世界を扱うことがないという特徴が示されています。目に見える現実の世界しか対象にしないのです。だからこそ、儒教で主に説かれているのは、日常生活を送る上での指針や道徳になります。

孔子が、親子のあるべき姿として一番重視したのは、「孝」ということです。親孝行の孝です。子どもが親に対して孝行する、孝を尽くすということが重要なものとして説かれたわけです。

親孝行ということばを、私たちは普段当たり前のように使っています。親孝行は大切なことだとも考えています。

ところが、親孝行を英語に訳そうとすると、かなり苦労します。一応、filial piety という親孝行の訳語はあります。filialは子どもとしてのということで、pietyとは敬虔《けいけん》を意味します。しかし、このことばが英語圏で日常的に使われることはありません。要は、親孝行という考え方がないのです。親孝行が重視されないとも言えます。

孝ということについては、論語よりも、「孝経」でより多く説かれています。孝経では、孔子が門人の曽子《そうし》（子輿《しょ》）に対して孝について語るという形をとっています。ただし、孝経が成立したのは、孔子が生きた時代よりかなり後ではないかと考えられています。

孝経にあることばで一番有名なのは、「身体髪膚《はつぷ》これを父母に受くあえて毀傷《きしょう》せざるは孝の始めなり」ではないでしょうか。どこかで聞いたことがあるはずです。

からだも、髪の毛も、そして肌も親から受け継いだものなのだから、それが傷つかないよう大切にすることが、親孝行のはじめだというのです。

一方、論語のなかには、そこで孝ということばは使われていませんが、「父は子の為に隠し、子は父の為に隠す」ということばが出てきます。

父は、自分の子どもが何か悪いことをしても、それを世間に対しては隠し、子どもも、同じように父の悪事は隠すというのです。身内が犯罪を犯しても匿《かくま》おうとすることが人の情だというのです。

孝があくまで優先していくと、こういう考え方に行き着きます。日本的な感覚では、「それはまずいのではないか」となってきますが、実は孝の本質はそこにあるとも言えるのではないでしょうか。大切なのは身内で、それ以外は重要ではないのです。

儒教で説かれるもう一つ重要な徳目として、孝に匹敵するのが「忠」です。孝が子どもが親に対して尽くすものであるのに対して、忠は家臣が主君に対して尽くすことを言います。忠義や忠誠と言い換えることもできます。

中国では孝が重視されるのに対して、日本ではむしろ忠の方が重視されているという指摘があります。現代の日本社会で、企業のような組織に対して忠誠を尽くそうとする人たちが少なくないのも、その影響です。

孝の場合にも、忠の場合にも、そこには上下の関係が生まれます。孝なら、親が上で、子が下になります。忠だと、主人が上で、家臣が下になります。どちらも、下の者が上の者に従うことになります。人の間に身分上の差別が生まれるわけです。

こうしたことは、一神教の世界では、少なくとも建前の上ではあり得ないことです。天には絶対の父である神が君臨し、地上に生きる人間は、その父によって庇護《ひご》され、ときには批判されたり、叱咤《しった》される存在です。その分、人間の間には上下の区別がなく平等であり、親子であっても、それは同様なのです。

親と子の間に上下の関係が生まれた例としては、先祖供養のことがあげられます。

日本の仏教は、中国から取り入れられたもので、そこには儒教の影響が見られるわけですが、日本でも先祖供養ということが重視されるようになります。その際には、先祖は「仏」として祀られます。

仏というのは、本来、悟りを開いたブッダのことをさします。ところが、日本では、仏と言えば、ブッダのことや、そこから派生したさまざまな如来や菩薩だけではなく、それぞれの家の先祖をさすようになりました。さらには、死者なら誰もが「仏《ほとけ》」と呼ばれます。

仏は、仏壇に位牌として祀られています。位牌は、儒教の葬式で用いられたものが、仏教に取り入れられたものです。そして、先祖である仏を供養することは、「追善」ととらえられるようになります。追善供養、追善法要ということです。

亡くなった先祖が仏となり、極楽往生を果たすためには、子孫が善を追加しなければならないというのが、追善の考え方です。具体的には、追善供養を営むことになるので、僧侶に対して布施をすることになります。仏教では、仏と法、そして僧が「三宝」と呼ばれ、尊重されてきました。出家していない在家の信者は、この三宝に布施をしなければならないとされたのです。

追善供養は、まず亡くなってから7日目の初七日から7日ごとに営まれ、それが7回目の四十九日まで続きます。その後、百箇日の法要があり、後は一周忌、三回忌、七回忌、十三回忌、十七回忌と続き、三十三回忌、あるいは五十回忌が弔い上げとされ、そこで個別の故人に対する供養は終わることになります。こうした年忌法要には、儒教の服喪の制度が影響しています。服喪とは遺族が一定の期間慎しみの生活を送るものです。

現代では、こうした追善供養は簡略化される方向にあります。四十九日を葬式のときにくり上げて行ったりするようになってきました。あるいは、一周忌以降の法要が行われなくなる傾向にあります。七回忌くらいになれば、遺族が命日を忘れてしまうことも珍しくありません。

時代は変化しているわけですが、追善供養が盛んに行われていた時代には、先祖を供養することは子孫の義務、つとめであると考えられていました。

それは、現代でもなくなってしまったわけではありません。

「祭祀権」と呼ばれるものがあります。祭祀権というのは、仏壇や位牌、神棚や墓などを管理し、追善供養を含めた先祖の祭祀を営む責任と権限のことをさします。
民法には、祭祀権を規定した条文があります。次に引く民法第８９７条がそれです。

> 系譜、祭具及び墳墓の所有権は、前条の規定にかかわらず、慣習に従って祖先の祭祀を主宰すべき者が承継する。ただし、被相続人の指定に従って祖先の祭祀を主宰すべき者があるときは、その者が承継する。
> 前項本文の場合において慣習が明らかでないときは、同項の権利を承継すべき者は、家庭裁判所が定める。

法律なので、意味がわかりにくい部分がありますから、ここでは墓のことについて具体的に考えてみましょう。

私たちは「墓を買う」という言い方をします。墓地の一区画を専有し、そこに墓石を建てることが、墓を買うということに相当します。しかし、実際に購入するわけではなく、その区画を墓として利用する権利を取得するということになります。これは、「永代供養料」と呼ばれます。

墓地を造成するには、地方自治体の長の認可を必要とします。認可が下りるのは、自治体自体のほかは、宗教法人か財団法人になります。株式会社などが墓地を造成することはできません。ずっと続くかが保証できないからです。

したがって、墓を建てる土地は、自治体や宗教法人、財団法人の土地ということになります。そこを売ってしまえば、買った側が勝手に使うことができるようになります。起こり得ない話ではありますが、大きな区画を買って、そこに家を建てるなどということも可能になってしまいます。そのため、墓は買うのではなく、借りる形になります。

では、区画を借りて墓を建てる権利は誰に与えられるのでしょうか。

墓を誰が守るのか、それは今でも家庭内で重要な問題として取り上げられることがあります。農家や自営業など、家を継ぐという感覚が残っているところでは、その家を継いだ者が、同時に祭祀権を継承することになります。基本的にはそのように考えられています。

ところが、家を継ぐということがないサラリーマン家庭になれば、誰が祭祀権を持つことになるのか、それは曖昧です。子どもが女ばかりで、すでに結婚しているということになると、祭祀権を受け継ぐ人間がいなくなってしまい、墓を持て余すことにもなります。娘たちは結婚した相手の家の墓に入るわけで、将来入る予定もない墓の面倒を見られなくなるからです。墓には管理料がかかります。

民法は、戦後の１９４７年（昭和22年）に全面的に改正されますが、それ以前の民法では、「系譜、祭具及ヒ墳墓ノ所有権ハ家督相続ノ特権ニ属ス」（第９８７条）と規定されていました。

ここに「家督」ということばが出てきます。家督は、今の民法にはないものです。民法が改正されたときに廃止されてしまったのですが、現実には、現在の家族のあり方、とくに親子関係に密かに影響を与えているように思われます。

その点を見ていくためには、家督の意味と、そうした考え方が生み出された背景について考えなければなりません。

家督とは、相続すべきその家の財産全体のことをさします。改正される前の旧民法では、それは「戸主」の権利であり、また義務ともされていました。

戸主というのは、一家の主人のことで、家長とも呼ばれます。旧民法では、戸主には戸主権があると規定されていました。

戸主と言うと、現在の世帯主のことを思い浮かべるかもしれません。しかし、戸主と世帯主とではまるで性格が違います。戸主は、家族を支配し、統率する存在だからです。

戸主権のなかには、家族の婚姻や養子縁組に対する同意権や、家族の住む場所を定める権利、そして、祭祀権が含まれていました。

家族の誰かが結婚しようという場合、これは戸主の息子や娘ということになりますが、戸主が同意しなければ勝手にはできなかったのです。

その分、戸主には家族を養う義務が課されました。しかし、戸主の考えで、家族を排除することもできました。これが離籍権ということになりますが、要するに、勘当することができたのです。勘当されれば、もう親でもなければ、子でもないということになります。

戸主権が存在した時代には、見合い結婚の方がはるかに多かったわけですが、もし恋愛結婚をしようとすれば、男性は女性の家を訪れ、戸主である女性の父親から結婚の許しを得なければなりませんでした。

戸主に認めてもらえなければ、正式に結婚はできません。そうなると駆け落ちするしかない。心中などということが起こったのも、このことが関連しています。

ではなぜ、旧民法には、戸主権などというものが存在したのでしょうか。

一つそこには、伝統ということが関係しています。農家の場合を考えてみれば一番わかりやすいでしょうが、農家では家督は重要でした。

稲作農家では、水田を耕すことで生計を立てています。水田は、先祖が開いたもので、それを代々受け継いできました。

ところが、それぞれの農家が耕している田は、それほど広いものではありません。およそ一町歩、メートル法とに換算すると1ヘクタールくらいが平均でしょう。そこに稲を植え、一家の暮らしを成り立たせてきたのです。

一町歩では、とても広いとは言えないので、戸主が亡くなって、それを相続するというときには、水田を分割するわけにはいきません。基本は長男が、地域によっては末っ子の男性が水田すべてを相続し、後の兄弟は、他の家に婿に入るなり、別の仕事を求めるなり、あるいは分家するなりしなければならなかったのです。水田の均分相続はあり得ません。

家督はすべて一人の相続人に承継される。そうした仕組みは江戸時代に武家の間で確立され、それが一般の庶民にも広がっていきました。明治の旧民法は、そうした伝統を法律の形にしたものでした。

しかし、戸主権が生まれたのはそれだけが理由ではありません。

明治に時代が変わるとき、徳川幕府が打ち倒され、明治新政府が誕生しました。明治新政府には、当初、神道家や国学者が多く参加していたこともあり、天皇が政治を直接に担う「天皇親政」を実現することがめざされました。武家に奪われていた権力を、古代と同じように天皇に掌握させようというわけです。

これを制度として確立したのが、明治22年（１８８９年）に公布され、翌年に施行された大日本帝国憲法でした。これは、日本に生まれた最初の近代憲法ということになります。

大日本帝国憲法では、第一章で天皇のことにふれられています。第１条では、「大日本帝国ハ万世一系ノ天皇之ヲ統治ス」という形で、天皇親政がうたわれ、第３条では、「天皇ハ神聖ニシテ侵スヘカラス」と、天皇が特別な存在であることを強調されました。

武家政権が続くあいだ、天皇は権力を奪われ、次第に忘れられた存在になっていきました。徳川時代には、京都御所に幽閉された形になり、その外に出るのもままならなくなります。幕府は、天皇が一般の民衆とふれ合うことを嫌ったのです。庶民は、「天子様」がいることは知っていても、それを日本の支配者であるとは考えていませんでした。

それが、明治に時代が変わることで、天皇は政治の表舞台に現れ、近代日本国家の統治者と位置づけられました。

これで天皇の政治的な立場が定まることになりますが、日本という国は一つの大きな家で、天皇はその家長であり、臣民と呼ばれた国民は、その天皇の子ども、「赤子《せきし》」であるということが強調されるようになります。こうした体制を庶民でも容易に理解できるようにするためですが、こうした国家のとらえ方は「家族制国家観」と呼ばれます。

家族制国家観は、戸主が支配する家のあり方を国家にまで拡大したものになりますから、両者は密接に関係しています。裏表の関係にあると言っていいでしょう。

ここでは、忠と孝の考え方が統合されていると見ることができます。天皇は、国家の統治者である点で忠の対象ですが、同時に、国民全体の家長として孝の対象にもなったのです。逆に、そのミニ版である戸主も、家族から孝の対象となったばかりか、忠の対象にもなりました。なにしろ、亡くなった戸主は、先祖として子孫によって祀られるからです。

こうした家族制国家観は、戦後になって廃止されます。憲法は改正され、民法も改正されました。戸主や戸主権という考え方もなくなり、天皇も統治者の位置から退《しりぞ》きました。

したがって、戸主ではなくなった父親には、家族の結婚を認める権限はなくなりました。成年に達していれば、男女の合意によって結婚できます。親に勘当されるなどということもなくなりました。

しかし、その影響はまだ残っています。

結婚しようというときには、男性が女性の家を訪れ、結婚の報告をすることが少なくありません。今はあまり見られないかもしれませんが、そのときに、「娘さんを下さい」と相手の父親に申し出たとすれば、それは、戸主権の存在した時代の名残りということになります。あるいは、対外的に、夫のことを「主人」と呼ぶ慣習も、古い時代の影響を受けている可能性があります。

その主人は、家のなかでは、おとうさんとか、おじいさんと呼ばれていても、外では、「宅の主人」などと紹介されます。「旦那」も、もう少し気軽な場面で、同じ意味で使われます。

現代の社会における親という存在や親子関係は、過去からの伝統の上にあります。そこには、儒教が仏教と習合することで生まれた宗教的な観念が大きな影響を与えています。

少なくとも日本では、一神教の考え方がそこに影響することはありませんでした。また、インドの考え方が直接に影響することもありませんでした。日本の仏教は、中国で大きく変容したもので、インドの仏教とは大きく異なります。

家というものの存在意義は、社会が変わることでどんどんと薄れてきています。家が生産の場でなくなったことが、その一番大きな原因です。家は家族の生活の場、憩いの場になりましたから、家に縛られるということもなくなってきました。家など古くさい。そうした感覚も広がっています。

しかし、ときには家が存在感のあるものとして迫ってきます。

結婚というときには、そうしたことが起こります。結婚式の披露宴で、両家ということが強調され、座席がそれで分けられたりします。実際に結婚してみれば、とくに女性にとっては、実家と婚家のどちらを重視するのかを考えなければならなくなります。

さらに、相続の問題などが生じたときには、家がそこに深くかかわってきます。誰が家の構成メンバーなのか、それが問われたりします。私たちはまだまだ家に縛られていて、親であることや親子関係も、それに影響されています。

私たちは、ヤドカリのように家を背負っています。その家を背景に、私たちは親になり、親として生きていくことになります。結婚したとき、相手の家といっさいかかわらないで生きるということもできなくはありません。しかし、結婚した男女双方が、その点で同じ考え方に立っていないと、そこで対立が生まれます。

人間関係にしても、家の内側の人間関係と、家の外側を含めての人間関係は、そのあり方が異なります。そして、家の内側の人間関係、とくに親子の関係が極めて重要な意味を持っているのです。

第六章

親子合一

戦後、松田道雄の『育児の百科』と、アメリカからもたらされた『スポック博士の育児書』が育児書として大いに活用されました。『育児の百科』は、集団保育を重視するソ連の育児の方法が取り入れられ、子どもの自立を重視するアメリカ流の方法と対照的なものになっていました。しかし、日本の本来の伝統は、親が子どもを甘やかすやり方で、親子は川の字に寝てきました。その分、日本では親子の関係が密接になるのですが、それを哲学者の西田幾多郎の「純粋経験」ということと結びつけると、「親子合一」が重視されてきたことがわかってくるのです。

初めて子どもが生まれたとき、誰もが子どもの育て方がわからないという経験をします。周囲に子育てをすでに経験している人間がいれば、問題が起こったとき、その人に聞けるわけですが、現代の、とくに都会ということになると、なかなかそうした人が見つかりません。

そうなると、母親も父親も不安になり、赤ん坊に何か問題が起こると、インターネットなどで懸命に調べようとします。果たしてこれは病気なのかどうか、病気だとしたらどうすればいいのか。あるいは、生まれてから時間が経ったにもかかわらず、我が家の赤ん坊は成長が十分でない気がする。不安の種は尽きません。

今だと、ネットにはさまざまな情報があふれています。もちろん、そのなかにはあてになる情報もあれば、あてにならないものもあり、どれを信頼してよいのか判断が難しいということはあります。けれども、格段に情報量が増えていることは間違いありません。

では、情報化社会が訪れる前、まだインターネットが使えない時代には、親になりたての人たちはどうしたのでしょうか。

昔は、「育児書」を頼りにする人たちが少なくなかったのです。

現在でも、育児書はさまざまに刊行されていますが、一昔前は、松田道雄『育児の百科』（岩波書店）と、『スポック博士の育児書』（暮しの手帖社）の二つが育児書の定番とされていました。

『育児の百科』の方は、3冊本の岩波文庫になって、今でも手に入りますが、『スポック博士の育児書』は、古本でしか手に入らなくなっています。文庫になったということは、育児書の代表として価値はあるが、すでに実用的ではないということでしょう。

私は、この二つの育児書を読んだことがあります。

と言っても、自分の子どもを育てているときに読んだのではありません。大学時代にゼミでこれを読んだのです。それは、50年近く前のことなので、はっきりはしませんが、大学2年のときだったのではないでしょうか。

私が通っていたのは東京大学で、保育にかんする学部などありませんから、異色のゼミだったと言えます。

しかも、そのゼミは、行政学の先生が主宰したものでした。行政学と育児がどのように関係するのか、不思議に思われるかもしれませんが、ゼミのテーマは「社会化」でした。

社会化というのは、子どもがその社会の価値観を身につけていくプロセスを意味します。育児は社会化において決定的に重要な役割を果たします。ですから、ゼミで育児書を読んでいったわけで、日米を代表する育児書にあたることで、日本とアメリカにおける社会化の違いを比較してみようというわけでした。

それまで育児書など読んだことがありませんから、それを読み進めていくことは、結構新鮮な体験でした。かなり勉強になったような気がします。

二つの育児書の著者は、ともに小児科の医師である点で共通しています。赤ん坊は、いろいろな病気にかかるわけですから、病気に対していかに対処していくのかということが育児において重要になってきます。そこに、小児科医が育児書を執筆する必然性があります。

ただしそこには、日本とアメリカの文化の違いということがかかわってきます。

たとえば、スポック博士は、赤ん坊に抱き癖をつけてしまうことに否定的です。「わがままで依頼心が強いと、大きくなって世の中に出たときに、結局こどもが苦労するだけです」というわけです。

それに対して、松田道雄は、抱き癖について、ただ「つけないにこしたことはない」と述べているだけです。あまり気にしていません。

松田の方が全体に鷹揚《おうよう》な感じですが、スポック博士には厳しいところがあります。

それが一番よく表れていたのが、赤ん坊を寝かせる場所です。私はこの部分が強く印象に残りました。

スポック博士は、「六カ月をすぎるまで、両親と同じ部屋にねかせているのは、望ましいことではありません。そのころになると、同じ部屋に寝るのになれてしまって、一人でねるのをいやがったり、こわがるようになったりします。大きくなればなるほど、離すのがむつかしくなるのです」と警告しています。

なぜ、赤ん坊の段階から一人で寝かせるのでしょうか。それは、子どもを自立させるためです。甘やかさないで、自立させる。スポック博士は、そこに育児の力点をおいていました。

では、日本だとどうなのでしょうか。

日本には、「川の字の文化」があります。これは、赤ん坊をはさんで夫婦が寝る形のことを言います。赤ん坊が成長して、次の子どもが生まれると、今度は、二人の子どもをはさんで夫婦が寝る。そういう形に発展していくこともあります。

この違いにふれたとき、私も川の字の文化のなかで育っていますから、日本人がスポック博士の主張するやり方を受け入れるのは、なかなか難しいのではないかと感じました。

アメリカでは、夫婦が社交の単位になっています。かつてのアメリカのドラマが示していたように、幼い子どもがいても、ベビーシッターを雇い、子どもを預けて夫婦だけで出かけるということが当たり前に行われています。そうした文化があるため、アメリカではスポック博士の主張が受け入れられたのです。

実際、アメリカの社会では、子どもが生まれると、子ども部屋を用意し、子どもは最初からそこで一人で寝かせるということが当たり前に行われています。

たとえ赤ん坊が夜泣きをしたとしても、声をかけたりはするようですが、抱いてあやしたりはしません。そうすると、赤ん坊も慣れて、夜泣きをしなくなると言います。

だったら、泣いている赤ん坊を抱いて、必死に泣きやませようとする日本のやり方は、合理的ではないということにもなります。

しかし、それによって、親と子の関係はより緊密なものになっていきます。親は、そうした体験を通して、自分がいなければ子どもは育たない、どうなってしまうかわからない。そんな感覚を抱くようになるのではないでしょうか。そこに、日本に独特な親子関係が形成される基盤があるように思われます。

それでも、現在の日本社会では、次第に子どもに個室を与えることが当たり前になってきました。子どもの数が減り、部屋に余裕ができたからかもしれません。

ところが、時代を遡ってみると、子ども部屋を与えることの是非が議論されていた時代がありました。

１９８０年代の雑誌を見てみると、子ども部屋を与えることに対して、それを疑問視するような記事が数多く見られました。

それが、１９９０年代に入ると大きく変化し、子ども部屋を与えるべきではないと主張する記事はほとんどなくなっていきます。これは、ちょうど昭和から平成へと変わっていく時期にあたります。

それは、たんに元号が変わったというだけではなく、さまざまな事柄が大きく変化していった時代でした。もっとも大きいのは、ベルリンの壁が崩れ、東西の冷戦に終止符が打たれたことです。これは、世界全体に大きな影響を与えました。

日本だけに限れば、バブル経済が崩壊したことも重大な出来事でした。その後バブルの崩壊という現象は他の国々でも起こりますが、日本のバブル経済とその崩壊は、世界に先駆けてのものだと考えられています。

バブル経済の崩壊は、経済が右肩上がりで伸びていく時代が終わったことを告げるもので、そのことは家庭生活にも影響を及ぼしました。

それに比較すれば、冷戦に終止符が打たれたことは、まったく関係がないようにも思えます。

ところが、そうとは言いきれないのです。

というのも、松田道雄の育児論には、東の陣営を率いてきたソ連のイデオロギーの影響があったからです。

『育児の百科』を開いてみると、グラビアのページで集団保育の場面が大きく取り上げられていることが目につきます。

もちろん、夫婦共働きとなれば、保育園に預ける必要が出てきます。そうせざるを得ないとも言えます。

ところが松田は、集団保育の利点を強調していて、家庭で育てるよりもむしろ好ましいとさえ主張していました。集団保育で育った子どもは、自立し、協力ができ、発育も運動機能の発達もいいというのです。

松田が集団保育に注目するようになったのは、１９５７年にソ連に招かれ、現地の保育園を訪れたり、第七回全ソ小児科学会に参加した経験をしていたからです。

松田は、すでに高校生の時代からマルクス主義に接近し、それは彼の思想形成に多大な影響を与えました。松田は、ソ連を訪問することで、「健康な子どもの集団成長に直接小児科医が参加して、大量の比較観察をしなければならないことを、ソ連の医者たちは私におしえた」と述べています。

スポック博士の育児書が、西側の世界を率いてきたアメリカの価値観、育児に対するとらえ方を代表するものであるとしたら、松田の育児書は東側の価値観を代表するものでした。

松田は、『育児の百科』を執筆するにあたって、日本の伝統的な育児の方法についても調べたようですが、ソ連で実現されたマルクス主義にもとづく集団主義のイデオロギーを通して、それを再生させようと試みたのです。集団主義と個人主義、東西の対立が、育児にも強い影響を与えていました。

集団保育は、主に保育園で行われるもので、子どもは、朝から夕方まで親と離れて生活することになります。当然、とくに慣れないうちは、子どもがぐずって保育園に行くことを拒んだりもします。それをなんとかなだめて、保育園に行かせるわけですが、親の方にも負い目があり、家に連れて帰ると、甘やかすことにもなりかねません。

子どもに最初から個室を与え、親から自立させた生活を送らせるようにならないのも、それが関係します。昼間は集団保育で、寝るときは個室となれば、親子がふれあう機会は極端に少なくなります。それによって、川の字に寝る文化が受け継がれていくことになります。

これに対して、アメリカには川の字に寝る文化は存在しません。子どもが自分の個室で寝る一方で、親の方は、自分たちのベッドルームにあるダブルベッドで寝ています。

これは、ダブルベッドであって、ツインベッドではありません。アメリカの映画を見てみれば、それがよくわかります。違う部屋で寝ている夫婦はいませんし、必ずダブルベッドで寝ています。夫婦が別々に寝るようになったら、即離婚だとも言われています。

第三章で、「アイ・ラブ・ルーシー」などのアメリカのかつてのテレビドラマについてふれましたが、そうしたドラマでは、夫婦はツインベッドに寝ていました。当時、このドラマを見ていた日本人は、アメリカの夫婦はツインベッドで寝るものだと考えたかもしれませんが、実は、ダブルベッドで寝るということがセックスを連想させるため、それが意図的に避けられたのです。

日本でも、新婚当初はダブルベッドで夫婦が寝ているという家庭も多いことでしょう。

ところが、赤ん坊が生まれると、事態は変わります。最初は、ベビーベッドをその部屋に入れて、赤ん坊はそこで寝るようになりますが、父親だけが働いているような家庭では、仕事のこともあり、ダブルベッドで母親と赤ん坊が寝て、父親は別の部屋で寝るということも起こり得ます。

やがて、子どもが成長し、自分の部屋で寝るようになったとき、夫婦はまたベッドをともにすることになるのでしょうか。いったん別々に寝るようになると、元に戻るのは難しいかもしれません。どういう環境で寝たいか、室温はどのくらいがいいのか、それぞれ好みがあるわけで、一緒に寝ることで、トラブルに発展することだってあります。いびきの問題などもあります。

一緒に寝ているから夫婦仲がいい、別々に寝ているからかえって夫婦仲がいい。実情はさまざまでしょう。

第二章で、日本では親と子と、両者を離して考えるのではなく、親子という形で一体のものとしてとらえる傾向が強いと述べました。

欧米のダブルベッドの文化では、夫婦が一体であることが重視され、日本の川の字の文化では、親子が一体であることが重視されるのだと見ることもできます。

欧米の場合、夫婦は、絶えず愛を確認しあっています。コロナ禍では問題になりましたが、キスやハグをくり返し、愛のことばを日々くり返すのです。その点では、夫婦は一体ではなく、あくまで別々の人格としてとらえられ、その上で両者の密接な関係性が確認されると言えます。

日本には、人格が一体化することを高く評価する文化があります。この点について考えていく際に、役に立つのが日本を代表する哲学者、西田幾多郎の哲学です。西田にはじまる日本独特の哲学は「西田哲学」とも呼ばれています。

哲学と言うと、とても難しいものに感じられます。実際、西田の著作を読んでみると、いったい何を言っているのかさっぱり分からないという面が、たしかにあります。

とくにそれは、西田の代表的な著作である『善の研究』について言えることです。この本は、「経験するというのは事実其儘《そのまま》に知るの意である。全く自己の細工を棄てて、事実に従うて知るのである」という形ではじまります。それが、第1編第1章「純粋経験」の書き出しです。

この本は、明治の終わりに書かれたものなので、そもそも文章が古くさいと言えます。古文ではありませんが、現代文でもありません。そこからして、理解を難しくしています。また、哲学の用語がさかんに出てきますから、読みはじめても、途中で挫折する人が少なくないことでしょう。

しかし、よく読んでみると、親子関係について深くかかわるようなことが、そこでは述べられているように思えてきます。

その鍵は、西田が論じている純粋経験というところにあります。


では、純粋経験とは何なのでしょうか。

『善の研究』を読んだ人、あるいは、読もうとした人にとって、純粋経験ということばは必ずや印象に残るはずです。

西田はなぜ純粋経験について問題にしたのでしょうか。

大事なことは、そこに西田の人生における経験が反映されているということです。西田は、人間がいかに幸福になることができるかを追求した哲学者だったのではないか。そのように考えると、純粋経験の意味するところがわかってきます。

西田は、京都帝国大学の教授になり、弟子も多く生まれましたから、哲学者として幸福な生涯を送ったように見えます。

しかし、現実には、それとは反対の生涯でした。

西田は、石川県の出身ですから、当時の旧制第四高等学校に進みます。現在の金沢大学の前身です。

数学がよくできたようですが、薩摩出身の学校長に反抗し、退学になってしまいます。退学になったということは、高等学校を卒業できなかったということになります。

西田はその後、東京文科大学（現在の東京大学）に入学しますが、高等学校を卒業していないので、正規の学生にはなれませんでした。そこで、仕方なく選科生として入学します。選科生は、今で言う聴講生のようなものです。選科生は、図書館の閲覧室に入ることができないなど、正規の学生とははっきりと区別されました。

西田にとって、そうした境遇はとても悔しかったようで、後に書いた「明治二十四、五年頃の東京文科大学選科」という文章のなかで、その時代のことを振りかえって、いかに自分の境遇が屈辱的だったかにふれています。選科は修了していますが、高校も大学も正式には卒業していないわけですから、西田の学歴は中学校卒ということになります。

それでも、京都帝国大学の教授になれたということは、哲学者としての優れた才能があったからでしょう。ただ、京都帝国大学に行くまでは、職場でも苦労し、母校である第四高等学校を追われたこともありました。

また、家庭ということでも不幸の連続で、子どもを何人も亡くしました。また、一度離縁し、その後復縁した最初の妻は、脳溢血で倒れ、6年間にわたって寝たきりの生活を続け、亡くなっています。一度離婚したのは、西田の父親から圧力がかかったからです。まさに、前の章で述べた戸主権が絶大だった時代の出来事です。

西田は決して幸福とは言えない生涯を送ったわけですから、いかに幸福を実現するかには、強い関心を抱かざるを得なかったはずなのです。

西田は、『善の研究』のテーマとなった純粋経験について、「自己の意識状態を直下に経験した時、未だ主もなく客もない、知識とその対象とが全く合一している。これが経験の最《さい》醇《じゅん》なる者である」と述べています。最醇は最も純粋なということですね。

いかにも哲学者のことばという感じがします。大切なのは、主と客という部分です。主とは、主体ですから自分のことで、客は客体ですから相手のことになります。私たちは、自分と他人とを区別しています。私は他人とは違う人間で、他人も私とは異なる人間だと認識されています。主と客とが分かれているのが、通常のあり方です。

ところが西田は、純粋経験においては、主と客とが区別されず、完全に合一しているととらえています。

これはいったい、どういう状態なのでしょうか。

西田は、主客の区別のない純粋経験の具体的な例として、「一生懸命に断崖を攀《よ》ずる場合の如き、音楽家が熟練した曲を奏する時の如き」と述べています。

たしかに、断崖を登っているときには、その行為に集中します。そうしなければ、断崖から落ちてしまうかもしれません。

優れた演奏者が、すばらしい演奏を披露しているときにも、そこに没頭し、演奏者と演奏している曲や楽器とが一体になっています。

私たちに身近な例で考えれば、ゲームをしているときや、映画やテレビのドラマを見ているときが、これにあたるのではないでしょうか。ゲームをしている人間は、ゲームのなかに登場するキャラクターと一体化します。ドラマなら、観る側が物語のなかの主人公と合一していきます。あたかも自分が主人公のように、その感情を自分のものとして感じるのです。

何かに集中し、没頭しているとき、人はほかに余計なことは考えません。そこには迷いもなければ、雑念が入る余地もないのです。

西田は、熱心に坐禅を実践した人物でした。坐禅の目的は、雑念の消えた境地に達することにあります。禅が修行を伴うのも、いかに集中し、没頭した状態を保つかが難しいからです。

親と子も、主と客にほかなりません。西田は、両者が一体化した状態を主客合一と呼んでいます。親と子が一体になっている状態は、この主客合一ということになります。

子どもを育てているときに、親は、子どもがどうなるかで一喜一憂します。運動会でリレーの選手に選ばれたとなると、子どもは誇りに思うと同時に緊張もするでしょうが、親も一緒です。リレーがはじまるのが待ち遠しく、走っている子どもに必死に声援を送ります。わざわざそのためにビデオ・カメラを買ったりするのも、子どもの晴舞台が親の晴舞台でもあるからです。

受験なども同じです。とくに小学校や中学校の受験となると、親の方が一生懸命にならないと、子どもは勉強しませんし、合格もままなりません。高校や大学に受かったというときにも、親自身が難関を突破したかのような嬉しさを感じます。

子育てをしているとき、とくに子どもが小さいあいだは、親と子どもの関係は密接です。親は子どもを育てることに集中し、それに没頭します。それによって、主客合一の状態になっていくのです。その点からすると、子育てとは純粋経験である。そのように言うことができます。

主客合一の状態にあるとき、人はその場で起こることに対して完全に入り込んでしまっていて没入しており、余計なことを考えていません。ところが、ほかに注意が向いてしまい、その体験が良いとか、悪いとか評価するようになると、主客は分離し、純粋経験ではなくなってしまいます。

リレーで子どもがバトンを落としたりすると、その瞬間に主客合一の状態が破れ、すぐにその原因を考えるようになってしまいます。もっと練習させればよかったと後悔したりもします。そうなると、純粋経験ではなくなってしまうのです。

受験で不合格になれば、同じようなことになりますが、たとえ合格しても、その瞬間に、子どもがもっと勉強していれば、もっといい学校に行けたのではないかと考えてしまうと、やはり純粋経験からは離れていきます。さまざまな煩悩が純粋経験を妨げることになるわけです。

純粋経験は一時的なもので、すぐに、そうでないものに変わっていきますが、西田は、純粋経験でなくなったときには、そこから新たな合一にむかって進んでいくとしています。その合一は、最初のものより大きな範囲でのものになっていくというのです。

リレーでバトンは落としたけれど、そこまでぎりぎりの勝負をしたのだから、チャレンジ精神は評価されるのではないか。その方向にむかっていくと、新たな合一が生まれます。

幸福な状態が途切れても、それをマイナスとしてはとらえず、プラスに評価することができるようになれば、また、純粋経験という幸福な状況が出現することになるのです。

子育ては、そのくり返しです。主客合一は、何度も実現され、それが破れて、また新たな主客合一にむかっていく。それを通して、子どもも成長すれば、親の側も成長していくことにもなります。

西田哲学の背景にある禅は、中国で生まれた仏教の実践です。中国では、一時、禅が流行しました。しかし、中国では、儒教によって仏教が圧迫される出来事もあり、仏教は次第に衰えていきます。禅については、むしろ日本で盛んになり、発展をとげていきます。

禅は、坐禅や、禅問答とも言われる公案《こうあん》を説くことによって、ブッダの悟りに近づくことを目的としています。主客合一という考え方の背景には、禅があり、仏教の教えがあるのです。

もちろん、普通の親が、自分の親子関係を、主客合一ととらえたりすることはありません。ただ、禅の考え方は、さまざまな形で日本の文化に影響を与えていますから、私たちは気づかないうちに、禅に接近していくということがあり得ます。

親子という、親と子の密接不可分の関係を示すようなことばが生まれるのも、その結果にほかなりません。合一した親子関係を経験することに、私たちは重要な意味を見出してきました。それも、主客合一が幸福ということと深く結びついているからにほかなりません。

第七章

合一から自立へ

親子の関係が重視される日本の社会では、上と下の区別がやかましく言われます。どんな集団にも、どんな人間関係にも上下があり、その違いを認識し、その上で行動しなければ、社会人として未熟であると判断されてしまいます。戦前はとくに天皇が神に近い存在として崇められ、もっとも上位にあると位置づけられました。そのあり方は、戦後の民主主義の世の中にも受け継がれている面があります。上位にある者が、地位にふさわしい姿勢を取るならば、社会の秩序は安定しますが、パワハラなどはその弊害です。それに、親としては、上下重視の社会のあり方にただ従っていればいいと子どもには教えられません。

日本語の親ということばには、いろいろな意味があります。

血のつながった、あるいは法律上の親というだけではなく、親方や親分も親の一つのあり方です。親方は大工の棟梁や相撲部屋の年寄のことをさします。親方の下にいて、指図や指導を受けるのは弟子ということになりますが、親分の下にいる者は子分です。親分子分は、親子のように密接な関係がある、そのように考えられています。

親分子分と言うと、やくざの社会のことを思い浮かべますが、実はそれにとどまりません。私は１９８０年代のはじめに、山梨県内の村の調査に携わった経験がありますが、その村では、親分子分の関係が生きていました。それは、山梨県だけではなく中部地方に広まった慣習のようですが、村の有力者が親分となり、他の村人は地域の親分の庇護を受けるのです。

またこれは、三重県の答志島《とうしじま》に見られる慣習ですが、「寝屋子《ねやこ》制度」というものがあります。中学校を卒業した島の子どもたちは、自分の家を離れ、別の家で集団生活を送ります。昔であれば、こうした風習は全国各地に見られたもので、そうしたものは「若衆宿《わかしゅやど》」などと呼ばれました。寝屋子制度においては、子どもたちの面倒を見るのが寝屋親で、子どもたちは寝屋子になります。寝屋親と寝屋子の関係は、実の親子の関係よりも密接なものになるのです。

これは、人間についてではありませんが、会社にも親会社と子会社があります。系列にある会社も親子関係としてとらえられるわけです。

英語にも parent company という言い方があって、それは持株会社のことを意味しているようです。ただし、その配下にある会社は、child company とは言われず、subsidiary company ということばが使われます。subsidiary とは、補助する、従属することを意味します。英語の世界では、会社を親子関係としてはとらえないということでしょう。

親分でも親方でも、自分の配下にある人間たちを、あたかも自分の子どもであるかのように考え、懸命に面倒を見ることになります。

さらに、親子とはされませんが、日本では、師弟関係なども密接です。それはもともと伝統芸能や武芸からはじまるものですが、各種の芸能やスポーツ、あるいは学問の世界でも、師弟関係は重要なものになっています。

私も学問の世界にいた人間ですが、学問上の師匠は「恩師」になります。実際、どれほどの恩を被っているかはわからないにしても、自分が習った先生のことは恩師と呼ぶことになります。

「師弟は三世」などということばもあります。三世とは、前世、現世、来世のことで、師弟関係は現世だけでのことではなく、前世から来世まで長く続くものだというわけです。
鎌倉時代に成立したと考えられている道徳の教科書、「童子教《どうじきょう》」には、「一日の師を疎《おろそ》かにせず／いはんや数年の師をや／師は三世の契《ちぎ》り」と説かれています。それに比べたとき、「親は一世の昵《むつび》」であって、現世だけの関係だとされます。その上で、「弟子七尺を去つて／師の影を踏むべからず」と説かれます。弟子は、師匠のことを尊び、つねに礼儀を失わない態度をとらなければならないというわけです。

この「童子教」は、儒教が奨励された江戸時代に、子どもたちを教える寺子屋で盛んに用いられました。寺子屋の師匠には従わなければならない。そうしたことを教えるために、「師弟は三世」が説かれたのです。

大学で、同じ恩師のもとで学んできた学生たちは、門下として一まとまりにされ、一門を形成していると見なされます。一門は、やくざ社会で言えば、「一家」ということになります。第二章でも見たように、家という社会集団のなかでの個人というあり方が、ここにも現れています。

もちろん、そこには法的な関係などないわけですが、恩師は、しばしば弟子の就職の世話をします。それがあるために、弟子は恩師に尽くさなければならないのです。

もちろん、こうしたあり方は、古くさく、封建的なものに思えます。

しかし、恩師は弟子の保証人でもあります。大学が教員を採用しようとする際に、本人の業績ということが第一ですが、任期付きでなければ、いったん採用されたら、その人間が何か重大な問題を起こさないかぎり、簡単に辞めさせることはできません。トラブルが発生したときは、恩師の立場にある人物に問題の解決が託されたりします。


親子関係が重視される日本の社会では、現実の親子だけではなく、それに近い密接な関係にある人間同士の結びつきが重視されます。上の立場にある人間が下の立場にある人間の面倒を見る。さまざまなことを教えるだけではなく、生き方まで指導する。そうしたことが当たり前のように実践されているのです。

基本には、上下関係の重視ということがあります。上の立場と下の立場とは、あらゆる場面で区別されるのです。

それは、年齢が上の世代だけに見られることではなく、年代を問わず全体に共通しています。若い世代のあいだで、そうしたことがもっともはっきりと現れるのは部活動においてでしょう。部活動では、先輩と後輩がはっきりと区別され、後輩は、先輩に対して礼を尽くさなければなりません。その代わりに、先輩は後輩の面倒を見なければならないのです。

こうした関係がどの程度徹底されるかは、学校によって異なっています。校風として厳しい学校もあれば、比較的緩い学校もあります。しかし、先輩と後輩が区別されることは当たり前に行われていて、部活に入った生徒たちは、活動を続けるなかでそうした考え方や態度を身につけていきます。

日本では、大学の学部は、基本的に文系と理系とに区別されます。それも日本に特有ですが、そこにもう一つ「体育会系」というものが登場します。それは学部の一つではありませんが、部活で活動した経験を持つ学生が体育会系になります。彼らは、監督やコーチを師匠として尊敬し、その指導に従います。そして、先輩後輩の区別を重視し、上の立場にある人間を尊重する態度を身につけていきます。

体育会系は、就職の面で有利だとされています。先輩が後輩を自分の職場に誘ってくれたりして、その面でも有利なわけですが、何より、就職先の企業でも上下関係が重んじられているわけで、その面で鍛えられている体育会系の学生は歓迎されるのです。

英語でも先輩は senior、後輩は junior として区別されることもありますが、あまりその点は重視されず、一般には、colleague や coworker として平等と見なされます。あくまで同じ職場で働く対等な同僚というわけです。その感覚は、brother と sister の場合と共通します。欧米の企業において、神の存在が改めて意識されるわけではないでしょうが、上下関係を区別するという意識は乏しいのです。

それは、たとえ上司であっても、ファーストネームで呼ぶというところに示されています。日本では普通の社員が、社長のことを名前で呼ぶことなどあり得ないわけですが、海外ではそれが当たり前のように行われています。

イスラム圏でも、個人主義の傾向が強く、上下関係に注意するということはありません。それは、イスラム圏において、組織が発達していないということとも関係します。組織を運営する上では、命令系統ということが問題になり、そこに上下関係が生まれる原因があるわけですが、上下関係が重視されない社会では、組織を成り立たせることが難しいのです。

欧米だと、ボスという存在がいて、そこに権力が集中しますから、それで組織が成り立つことになります。イスラム圏では、自分がボスであるかのように振る舞う人は現れますが、周囲はそれを認めたりはしません。組織が発達しないのも、それを成り立たせる仕組みが成立しないからです。一時問題になった「イスラム国（ＩＳ）」では、司令官ばかりいたということを聞いたことがあります。命令系統がまるではっきりしていなかったのです。

日本では、「上座《かみざ》」というものまで存在します。それは下座、末席と対立します。リモート会議でも、上座をどうするかが問題になると言われますが、上座と下座を区別することで、その場の秩序を保とうとしてきたわけです。上座を与えられるべき人間が、それを与えられなければ、激怒することもあります。そうしたときは激怒するのも当たり前だ。そのようにも考えられています。

同期ということが重視されるのも、こうしたことが密接に関係します。同じ時期に入学した、あるいは入社した人間なら平等で、立場に差はないと見なされます。逆に年齢が同じでも、入った時期が異なれば、同期とは見なされません。そして、一期でも異なれば、そこに上下の関係が生まれます。同期の間の平等な関係でさえ上下関係を背景としているわけです。

上下関係が徹底して重視される日本の社会において、親、あるいは親方や親分を含め親的な立場になれば、子にあたる存在を責任を持って育て上げていかなければなりません。

その際に、前の章で述べた親子合一ということが生まれます。親と子には地位、立場の上で根本的な違いがあるのに、それを乗り越えて両者が一体化する。それは、親方や親分でも変わりません。

親にとっては、この親子合一は、至福の体験でもあります。その状態になれば、他には何も考える必要はありません。子どもを育てるということに集中すればいいのです。

しかも、子どもは確実に成長していきます。親はそこに限りない幸福を見出していくことになります。もちろん、喜ばしい出来事ばかりではなく、深く悩まなければならないことも起こりますが、悩みが解決されれば、さらに親と子の絆は深まっていきます。

親子合一が成立しているような状況では、親も子も幸福を感じることができます。そこには、どちらにとっても得難い充実感があるはずです。けれども、子どもが成長を遂げていくことは、その合一を壊していく可能性を秘めています。子どもには自我が芽生え、それが拡大していけば、自ずと親の意向とはずれていきます。それは、子どもの成長過程において、必ずや起こることです。子どもが大人になっていけば、親子合一は難しくなっていきます。

しかも、子どもの方は、幼い頃のことをどんどんと忘れていきます。親にとっては、強く幸福を感じた出来事であっても、子どもは覚えていないということが頻繁に起こるようになるのです。親がそのことを話題として持ち出しても、子どもからは、まったく覚えていないという答えが返ってくるようになるのです。

親子合一が成り立つのは、いったい子どもが何歳くらいまでのことでしょうか。小学校の半ばまではあるかもしれませんが、高学年になれば、その機会は確実に減っていきます。10歳が境でしょうか。

もちろん、それ以降も、親子合一がまったくなくなってしまうわけではないでしょう。しかし、それは滅多に訪れない希な機会になっていきます。子どもが成長するということは、親子合一が成り立たなくなることを意味します。

しかしこれは、親から離脱していくことであって、そのまま子どもが自立することを意味するわけではありません。

では、子どもが自立するというのはどういうことなのでしょうか。

動物の場合、子どもが自立するというのは、一人で生きていける力を身につけるということを意味します。一人で生きていけるということは、自らの力で餌を確保し、生殖の能力を身につけることを意味します。

人間の場合には、身体的な面での自立を果たしたとしても、それで一人前の大人とは見なされません。

そのため、大人になったことを確認する儀礼が用意されていたりします。アメリカのプロムのことは第二章でふれましたが、伝統的な社会では、試練を伴う通過儀礼、成人式が用意されていることも少なくありません。

バンジージャンプは、今やアトラクションの一つとして人気を集めていますが、もとは、バヌアツ共和国のペンテコステ島で行われてきた成人のための儀礼でした。木で組んだ高い櫓《やぐら》の上から、木の蔓《つる》を命綱にして飛び降りることで、大人としての勇気があることを示すのです。

日本の貴族や武士の社会では、元服が大人になるための通過儀礼の役割を果たしていました。ただ、元服の儀式自体は、衣服や髪型を改めるだけで、試練を伴わず、大人になった証拠を示すものではありませんでした。ただ、元服に至るまでに、大人に必要な知識や技能、武士の場合にはとくに武芸の実力を備えていなければなりませんでした。

元服を経たとしても、それは大人への一歩を踏み出したに過ぎません。自立した大人になる上で身につけなければならないことはいくらでもあり、その習得には時間がかかりました。

それは、現代でも同じことで、人間関係における上下の違いを重視する社会のなかで、それにふさわしい態度を徐々に身につけていくことで、自立した大人への道を歩んでいくことになります。

そして、親としての役割、あるいは親代わりの役割を果たすようになり、それまでとは違う存在へと成長していくのです。そこには、実に長い時間がかかるわけで、親になるということが、本当の意味で大人になるということに結びついていくのです。

しかし、上下の関係の重視ということには、大きな問題があります。そこには、権力の問題がからんでくるからです。

丸山眞男という有名な政治学者がいました。岩波新書として刊行された『日本の思想』などは、内容はとても難解なのですが、大ベストセラーになり、今でも読まれています。

その丸山が、戦後すぐに書いた論文に「超国家主義の論理と心理」というものがあります。これも相当に難しい内容を持っていますが、そこで丸山は、無謀な戦争に至った日本の社会構造、権力構造の特徴について指摘しています。

丸山は、その際に俘虜の虐待問題についてふれ、日本軍とナチス・ドイツとを比較しています。

日本軍の俘虜収容所にいた軍人たちは戦後裁判にかけられ被告になりますが、彼らは裁判で異口同音に収容所の施設改善につとめていたことを力説したといいます。丸山は、これについて、命乞いのために言っているのではなく、被告たちは実際に俘虜の待遇を改善しつつ、それと「同時になぐったり、蹴ったりするのである」と述べています。

そのことを指摘した上で丸山は、被告たちの権力的支配は、「強い自我意識に基づくものではなく、むしろ、国家権力との合一化に基づくのである」と分析しています。

日本人の被告たちは、国家権力に支えられて暴力を振るったのであり、その支えがなくなってしまえば、「弱々しく哀れな存在」になってしまいます。

それに対して、ナチスの最高司令官、ゲーリングの場合には、ナチスという権力が崩壊しても、法廷において「傲然たるふてぶてしさを示」しました。それは、ゲーリングが戦時中、主体的に残虐行為にかかわったからだというのが、丸山の主張です。

丸山は、日本人の被告たちは、主体的に暴力をふるったわけではないととらえます。被告たちは、日本国家の究極の根源にある天皇の指揮のもとにある軍隊に属しており、その点で天皇に近いと考えています。それゆえに、自分たちは優越的な地位にあると考え、そこから残虐な行為に及んだのだというのです（『超国家主義の論理と心理』岩波文庫）。

わかりやすく言えば、日本の軍人たちは、天皇の権威を借りた「虎の威を借《か》る狐」であったわけです。

日本国家における天皇の地位、あり方というものは、近代になって大きく変わりました。それを明文化したものが大日本帝国憲法でした。

この憲法を制定する上で大きな役割を果たしたのが、日本で最初に内閣総理大臣になった伊藤博文でした。伊藤は、内閣総理大臣に就任する前には、憲法のあり方について研究するためにプロイセン（ドイツ）とイギリスにわたっています。

伊藤は、その経験をもとに、欧米では国家の機軸にキリスト教という宗教があるととらえました。そうした国々の政治体制は、宗教に支えられているというわけです。

それに対して、日本には、キリスト教のように社会制度の基盤になるような宗教は存在しません。もちろん、神道や仏教という宗教はあるわけですが、それでは国家の機軸にはなり得ないというのです。

そこで伊藤が持ち出してきたのが天皇であり、皇室です。伊藤は、皇室を国家の機軸に据えようと考え、その考え方が大日本帝国憲法に反映されました。だからこそ、天皇のことは憲法の第一章で真っ先にふれられていたのです。

戦後、大日本帝国憲法を改正する形で日本国憲法が誕生します。それによって天皇のあり方も変わりました。天皇は統治者ではなく、日本国、ならびに日本国統合の「象徴」ということになりました。しかも、その地位は、「主権の存する日本国民の総意に基く」とされ、国民主権が確立されたのです。

丸山の「超国家主義の論理と心理」の論文は、日本国憲法が公布される半年ほど前に発表されたものですが、そのなかで、こうした変化について、「日本軍国主義に終止符が打たれた八・一五の日はまた同時に、超国家主義の全体系の基盤たる国体がその絶対性を喪失し今や始めて自由なる主体となった日本国民にその運命を委ねた日でもあったのである」と述べています。国体とは、天皇を中心とした政治体制のことをさします。

日本が戦争に敗れたことで、軍国主義の体制は崩壊しました。日本軍が廃止されたからです。その点では、丸山がそれを賛美する気持ちもわかります。

しかし、日本国憲法でも、天皇のことは第一章で述べられています。それは、天皇という存在が、戦後の日本社会においても依然として重要であることを意味します。

戦後すぐの段階では、昭和天皇の戦争責任ということが問われたこともあり、天皇制の廃止が主張されたりもしました。しかし、「開かれた皇室」のスローガンのもと、平和を体現する天皇ということが強く打ち出されます。そこには、戦争の放棄をうたった日本国憲法の影響がありました。軍隊を持たない国家としての日本というイメージが、天皇にも反映されました。さらに、平成の時代になって代が替わることで、天皇制を支持する国民が増えていきました。

戦後においても、天皇が特別な存在と見なされていることは間違いありません。天皇が「現人神《あらひとがみ》」であることが強調されたのは、日本が戦争に深くかかわっていく１９３０年代後半になってからのことです。その点を強調した「国体の本義」というパンフレットを文部省が刊行したのは１９３７年のことでした。

終戦直後、昭和天皇は「人間宣言」を行い、現人神であることを否定しました。しかし、なぜ天皇なのかということになれば、神話において神々の系譜に連なっていることにその根拠を求めざるを得ません。国民が選挙や投票で天皇を選んだわけではないのです。

戦争や災害の犠牲者に対して国を挙げて追悼するということが行われますが、追悼式のとき、天皇皇后は壇上にあって、他の参加者はそれを拝む形になります。追悼式は、犠牲者を悼むとともに、天皇を崇め奉るための儀式なのではないか。そのようにも見えてきます。あまりその点は意識されていませんが、天皇皇后が、他の参列者と同じところに座を占めることはないのです。

災害が起こったとき、天皇皇后が被災地をいち早く訪れ、被災者を見舞うということは、平成の時代になってから始まったことですが、それに感動し、励みになったと語る被災者は少なくありません。その役割は、天皇皇后、あるいは皇室のメンバー以外には果たすことは難しいでしょう。そこにも、天皇、皇室が特別な存在であることが示されています。

世界には、王室を持っている国が数多く存在します。日本の皇室はその一つということになります。しかし、神話において、王の祖先が神であるとされているような国は、日本以外にはありません。もちろん、一神教における神と、日本のような多神教における神とは性格が異なるわけですが、この点は重要です。ヨーロッパでは、「王権神授説」があり、王の権威は神によって与えられたものとされますが、この説では、あくまで神が王の上に位置づけられています。王は神に直結しているわけではありません。

しかも、天皇の住居は、日本の首都がある東京の中心、皇居にあります。地理的にも、天皇は日本の中心に位置しています。勲章などの栄典を授けるのも天皇です。天皇は、日本の社会秩序を維持する役割を果たしています。そうした社会においては、人間のあいだに上下の区別があるという意識が強く働くのです。

日本社会で上下関係の重要性を象徴し、そうした社会のあり方を維持していく機能を果たしているのが敬語です。他の国、とくに中国を中心とした漢字文化圏にも敬語がありますが、現代の日本ほど敬語は発達していません。日本の敬語は、尊敬語、謙譲語、丁寧語に分かれ、とても複雑です。これほど複雑な敬語は、他の社会には見られないものです。

敬語がうまく使えなければ、一人前の社会人とは言えない。そういう考え方は強くあります。実際、敬語をうまく使えないと、社会のなかで活動することが難しくなったりします。敬語は、社会的な地位に上下の区別があることを前提としています。そして、学校の古文の授業で習うように、天皇には最高敬語、最上級敬語が用いられるのです。

福沢諭吉は、明治のはじめに『学問のすゝめ』という本を書き、そのなかで、「天は人の上に人を造らず人の下に人を造らず」ということばを紹介しています。それは欧米に神のもとでの平等という考え方があり、福沢はそれを天と置き換えました。

しかし、天皇を中心に組織化された近代の日本社会は、西欧流の考え方は浸透せず、人のなかに上と下の区別が厳然と存在するものになっていきます。それは、明治に入るまでとは違う形ではありますが、社会生活を送る上で上下関係を常に意識しなければならない点では変わりません。

そうした社会の体制は、敗戦によって、憲法が改正され、軍隊がなくなっても一掃されたわけではありません。戦後も、国体は消滅したわけではなく、密やかな形でではありますが、依然として生き続けているのです。

親と子の関係も、こうした社会のあり方に影響を受けています。親と子の立場は大きく違います。そして、兄と弟、姉と妹とは厳格に区別されます。たとえ双子でも、兄と弟、姉と妹は区別されます。

ただ、そこには大きな問題があります。

日本の社会が上下関係を強く意識させる社会であり、そのなかでうまく生きていくためには、体制に従う方がいい、それしかないということになると、個々人の生き方は強く制約されることになります。

自分はこういう生き方をしたいが、社会のなかで成功し、それなりの地位につくためには、上下関係をつねに意識し、それに従っていかなければならない。それこそが正しい生き方であり、そこから外れてはならないということになってしまうからです。

それでも、社会が正しく機能しているのなら、そういう体制に順応した生き方がベストであるということになってくるでしょう。

しかし、残念ながら、社会がそうした状態になることはほとんどありません。つねに問題が生まれ、社会の仕組みを悪用する人たちが現れます。上下関係が重視されることをいいことに、上の者が下の者をいいように扱う、あるいは、暴力を振るって虐待する。そういうことは頻繁に起こります。セクハラやパワハラがそこに生まれてくるのです。

上の立場にある人間は、下の立場にある人間よりも偉く、その分権力を振るうことができる。それが前提とされているわけですが、上の立場の人間が下の立場の人間よりも必ず能力的に、あるいは人格的に優れているというわけではありません。たった一つ年が上なだけで先輩です。すぐ下の後輩とのあいだに、いったいどれだけの違いがあるものなのでしょうか。

日本の社会に生きていれば、誰もが上下の関係を意識しなければなりません。そうした仕組みが成り立ち、機能しているのは、大枠では、第五章でふれた近代に入って日本に生まれた家族制国家観が現代にまで影響を与えているからでしょう。

そして、日常的には、兄弟姉妹のあいだでさえ、年齢の上下を区別しようとするあり方が背景にあると言えます。下の子どもが生まれれば、上の子どもは、「おにいちゃん」、「おねえちゃん」と呼ばれるようになります。僕や何ちゃんから呼び方が変わるだけではなく、その途端、兄や姉として振る舞うことを強く求められます。

子どもっぽい態度をとったり、親に甘えたりすれば、「おにいちゃんだからだめよ」、「おねえちゃんなんだからしっかりしなさい」とたしなめられます。親は、兄弟姉妹の上下関係を利用して、子どもをしつけていくのです。一番下の子どもについては、そのやり方が通用しないので、ただ甘やかすことにもなってしまいがちです。

親としてはどうでしょう。

社会生活をうまく送っていくには、日本の社会特有の仕組みを理解し、それに従って生きていく。その方向に子どもを育てていく。それは有益であるように思えます。

しかし、それは問題が起こらない状態でのことで、ひとたび何かの問題が生じてくれば、ただ社会の仕組みに従い、上下の関係を尊重していればいいということにはなりません。

パワハラの被害にあったとき、いったいどうすればいいのか。親はそれを想定し、それに対する対処の仕方を子どもに示していく必要があるはずです。子どもを自立させる上で、最終的にその点が重要になってくるのではないでしょうか。

第八章

親はなくとも子は育つ

人間以外の生物も子育てはします。けれども、その期間がそれほど長くないのが普通です。それに比較して、人間が子どもを自立させるためには膨大な時間が必要です。現在では学校の問題があり、それは相当に長くなっています。しかも、どう子どもを導いていけばいいのか、家のあり方が変化してしまった今の社会では、それが難しくなっています。ただ、忘れてはならないのは、昔は「親はなくとも子は育つ」ということばが生きていたことです。子どもには、自ら自立していく力が備わっている。その点も忘れてはならないのです。

あらゆる生き物は、子孫を残すということを、一番重要な目標としています。生殖活動を行い、子孫を作る。ウミガメのように、卵を産んだところで、子どもを育てることにまったくかかわらない生き物もいますが、生き物たちは進化していくにつれ、子どもが自立できるまでその面倒を見るようになっていきます。そうなると、それこそ必死に子どもを守ろうとします。

私はここ数年、週に一度、女子大で非常勤講師として教えてきたのですが、それに関連して、こんなことがありました。

２０１９年６月のことだったと思いますが、授業をする前に女子大のキャンパスのなかを歩いていて、カラスに襲われたのです。

そんな経験は、それまでしたことがなかったので、驚きました。背後からカラスが飛んできて、私の後頭部を突いたのです。しかも、２度もやられてしまいました。

私だけではなく、近くを歩いていた学生も、やはりカラスに襲われていました。

気がついてみると、看板が出ていて、そこには「カラスに注意」と書かれていました。

見上げてみると、校舎の一番高いところに一羽のカラスがいて、下を見張っていました。

カラスは、どこかに巣を作っていて、そこで子育ての真っ最中だったようです。子どもが外敵に襲われないよう監視を怠らず、それで私たちを襲ってきたのです。

カラスの子どもはやがて巣立ちの時期を迎えることになりますが、最初はうまく飛べず、地面に落ちてしまうことがあるようです。親のカラスは、そうならないように子カラスを懸命に守るのです。

しかし、子ガラスが巣立ってしまえば、それで親子の関係は終わりです。果たして、巣立った後の子ガラスが、親のことを認識しているかどうかもわかりません。巣立った子ガラスが、親のもとに里帰りするなどということはとても考えられません。

カラスの社会では、一人前になって巣立つまでは親子関係が続いても、その後は、まったくそれがなくなってしまうのです。


農学博士の稲垣栄洋《ひでひろ》氏の書いた興味深い本に『生き物の死にざま』（草思社）というものがあります。いろいろな生き物がどういうふうにして死んでいくかを扱った本です。

そのなかに、ハサミムシの死にざまが出てきます。その章のタイトルは、「子に身を捧ぐ生涯」というものです。親子関係を考える上では、見逃せないタイトルです。

ハサミムシは、尾の先に大きなハサミがついているために、その名で呼ばれていますが、子育てをする珍しい昆虫の一つです。

ただし、子育てとは言っても、それをするのは母親だけです。父親の方は、母親が卵を産むときには、すでに行方不明になっています。

母親の方は、冬の終わりから春のはじめにかけて卵を産みます。そして、石の下に隠れていて、産んだ卵に覆いかぶさり、卵にカビが生えないよう丁寧になめたり、空気にあてるため、卵の一部を動かしたりします。そして、外敵に襲われそうになったら、自慢のハサミを振り上げ相手を威嚇《いかく》するのです。

卵がかえるまで40日以上かかるのですが、そのあいだ、母親は卵のそばを離れることはありません。そんな状態では、餌をとることもできないので、飲まず食わずで子育てをします。

壮絶なのは最期です。

卵がかえっても、幼虫はすぐには獲物をとることができません。

では、どうするのでしょうか。

幼虫は、母親に近づき、その体を食べるのです。稲垣氏は、「子どもたちに襲われた母親は逃げるそぶりも見せない。むしろ子どもたちを慈しむかのように、腹のやわらかい部分を差し出すのだ」と書いています。

まさに、「子に身を捧ぐ生涯」です。

子どもを残すために、親は自分のすべてを捧げる。これが生き物の基本です。

人間も、本来なら同じであるはずです。

ところが、人間の場合には、子どもを育てるという面において、生き物のなかでもかなり特殊なところがあります。ハサミムシとは相当に違います。

人間の子育ての特徴としては、その期間が相当に長いということがあげられます。

他の生き物なら、子どもが自分で餌を確保して、それを食べられるようになった段階で、親の役割は終わってしまいます。

人間の場合には、そうはいきません。

一人の人間が自立したと言えるまでに、相当に長い年月がかかります。人間は社会を形成していますから、その社会のなかで一人で生きられるようにならないと、一人前になり、巣立ったとは言えないからです。

日本では、義務教育は中学校までで終わります。昔だと、上の学校などには進まずに、働きに出ることが少なくありませんでした。となると、中学校卒業で巣立ったことになります。

ところが、今では高等学校に進学するのが当たり前になりました。さらには半数以上が大学や専門学校などで高等教育を受けるようになってきました。

大学生が、自分一人で学費と生活費を稼ぎながら勉強するというのはかなり大変です。私立の大学に入れば、毎年授業料だけで１００万円以上かかります。

「人間って大変なんですね」

ほかの生き物たちからは、そう言われるに違いありません。

しかも、子どもに教育を受けさせるだけでは終わりません。学校に通わせれば、子どもがいじめにあったり、不登校になるかもしれないからです。

私には、子どもが不登校になった経験があります。突然、子どもが学校に行きたがらなくなったのです。二十数年も前のことです。一人っ子で集団生活に馴染めないところがあったからでしょうか、原因ははっきりしません。

そうしたとき、親はどうしても慌ててしまいます。なんとか子どもを学校に行かせようとします。

しかし、どんなことを試みてもうまくいかず、それを現実として受け入れなければならなくなります。無理に学校に行かせることはできないのです。

小学校の最終学年は、ほとんど不登校で、最後は、学校の配慮で、たった一人の卒業式をやってもらいました。それも一つの思い出ですが、中学からは学校に通うようになり、その後は不登校にはなりませんでした。

後に、本人にその理由を聞いても、不登校だったこと自体、あまり覚えていないようで、納得できるような理由も説明してはくれませんでした。本人も、わからないまま不登校になり、少し成長したことで、その状態を脱したということなのでしょう。

これが、いじめということになると、不登校以上に問題としては難しいでしょう。いじめを受けていたとしても、子どもは親にそのことを伝えなかったりします。伝えられない状態におかれているわけです。

いじめられたら親に報告する。子どもにそれができるようになるには、日頃、親の方が不正に対して毅然たる態度をとることを覚悟している必要があるのではないでしょうか。

いじめは、子どもだけで解決できる問題ではありません。子どもとしては、親に告げ口をすると、余計いじめられるのではないかと恐れています。

しかし、子どもが危機にさらされたときに、親は必ず救いの手を差し伸べてくれるとわかっていれば、子どものとる態度も変わってくるように思います。

こうしたことは、何か問題が起こったときの対処の仕方ということにもなりますが、子どもを育てるということは、それだけではすみません。

人間は、複雑な社会を作り上げ、高度な文化の体系を築き上げてきましたから、親が子どもに伝えるべきことは無限に存在します。最低限必要なことでも、かなりの量にのぼるはずです。

とくに重要なのは、仕事に関連することです。働くための能力をいかにして身につけるか。それは、誰にとっても重要なことです。

今はサラリーマン家庭が増えています。それが日本社会の多数を占めています。そうした社会においては、就職することが決定的に重要になっています。一流の企業に就職することが理想だという考え方もあります。少なくとも、大学を卒業したら企業に勤める。多くの学生が、その道を選択します。

しかし、そうしたスタイルが確立されたのは戦後になってからのことです。戦後の高度経済成長の時代に企業が増え、そこに就職する人の数も増えていきました。

では、それ以前はどうだったのでしょうか。

戦争前ということを考えてみると、多くの人たちは地方の農村で生活し、農業を営んでいました。

農業をするというとき、どうしてもそこには家が必要になってきます。たった一人で農業に従事するなどということは考えられません。農家という家が不可欠の存在になります。

稲作ということで考えてみましょう。

稲を作るには、苗を作り、田植えをして、水田の水の管理を行ったり、雑草や害虫を駆除したりしなければなりません。そうした作業をつつがなくやり終えて、ようやく稲刈り、収穫にこぎ着けることができるわけです。

現在では、機械化が相当に進んでいますから、人手が少なくても稲作はできます。でも、戦前はまだ機械化が進んでいませんでしたから、家族総出であたらなければなりませんでした。その際には、子どもも大切な働き手の一人になりました。

それは、子どもに農業のやり方を伝え、跡継ぎになれるようにしていくことに結びつきました。跡継ぎがいないといったときには、養子をとり、なんとか家の存続をはかるのです。

子どもを育てる目的は、一人前の跡取りを確保するということにおかれていました。そこには選択の余地はありません。跡取りが確保できなければ、農家は成り立たなくなり、生活の基盤が失われてしまうのです。その分、親には迷う余地がありませんでした。

そうした社会においては、一人前になることは、農家の跡取りになることと同義でした。そのために、子どもも頑張れば、親も、そのための努力を惜しまなかったのです。

これに比べたとき、サラリーマン家庭では、子どもを育てることの意味がはっきりしません。それは、何より家が仕事の場になっていないからです。

サラリーマン家庭では、親は外に働きに出ていて、日中は家にいません。子どもも学校に通っていて、家族が集まるのは夜か休日に限られます。

家族が一緒に遊ぶことはありますし、家事を分担することはあります。でも、家族が一緒に労働に勤《いそ》しむということはありません。ですから、親は子どもに対して職業教育を施すことがありません。そこが農家などとの大きな違いです。

サラリーマン家庭の親も、子どもの将来の仕事について考えないわけではありません。自分と同じように企業に勤め、サラリーマンとして働くものと、無意識のうちに想定しているかもしれません。

戦前は、サラリーマンの数は少なく、それは憧れの職業でした。なにしろ、月給というありがたいものが毎月手に入ります。当時は、ほかの仕事では、月給など保証されておらず、確実な収入の道を確保することはできませんでした。

農家なら、農作物を収穫し、それを出荷しなければ、収入はありません。農作物は、必ず穫れるわけではないのです。昔は、災害のときに補助金が支給されるようなこともありませんでした。

その点では、サラリーマンは安定しています。今は大分崩れてはきましたが、以前は、終身雇用が普通でした。さらに、年功序列ということで、年を重ねれば重ねるほど給与も上がっていきました。

では、子どもをサラリーマンにするために、親は何をするのでしょうか。

それは教育です。高校や大学に進学させ、教育を受けさせるのです。そのための教育費を稼ぐことが親の役割だと、そのように考えるわけです。

こうしたサラリーマン家庭の対極にあるのが伝統芸能の家です。

伝統芸能と言っても、さまざまな種類があるわけですが、ここでは歌舞伎の家のことを考えてみましょう。

歌舞伎役者には「屋号」というものがあります。市川團十郎を代々輩出してきた市川宗家が、歌舞伎界全体の中心ということになっていますが、その屋号は「成田屋」です。成田は成田山新勝寺《しんしょうじ》のことです。江戸時代に、子宝に恵まれなかった初代の團十郎が成田山で祈願したところ、後の2代目團十郎を授かったということで、成田屋が屋号になりました。

役者が舞台に登場したり、見得を切ったりすると、「成田屋」と声がかかります。これを「大向こう」と言います。

屋号があるということは、家が一つの単位になっていることを意味します。同じ屋号で呼ばれている役者は、「一門」を形作っています。

一門というのは、一般の演劇の世界では劇団にあたります。戦後、名優と言われた6代目尾上菊五郎が亡くなった後に、弟子たちが「菊五郎劇団」というものを立ち上げ、今もそれが続いています。これは、一門が劇団を名乗っている珍しい例です。

同じ一門に属している役者が舞台で共演することが多くなるわけで、一門は重要な意味を持っています。

團十郎家には、「歌舞伎十八番」とよばれる家の芸があります。義経一行が山伏に化けて安宅《あたか》の関を越えようとする「勧進帳」や、男伊達の花川戸助六が主人公の「助六」などがそれに含まれています。それを代々伝えていくことが、團十郎家の役者の役割になります。ほかの家にも家の芸があります。

そもそも役を演じるというときにも、家の存在が重要になってきます。

若い役者の場合、自分に役がつくのは、親が舞台に立ったときのことになります。親に大きな役がついたとき、脇役で子どもが出演します。そのような仕組みになっていますから、親がいないと、舞台にさえ上がれなくなってしまいます。

ですから、まだ一人前とは言えない段階で、親が亡くなると、困ったことになるわけです。ただ、そのときは、一門が機能します。一門を率いている役者が、親を亡くした若い役者の後ろ盾になり、支えてくれることになります。

歌舞伎の家では、血のつながった親子の関係が重要ですが、たんに遺伝子の問題だけではありません。

たとえば、「芸養子《げいようし》」という制度があります。役者に子どもがいない、あるいは女の子しかいないというときには、一般の家庭に育ったけれども、役者志望という子どもを幼い段階で引き取り、「部屋子《へやご》」として役者修業をさせます。それで見込みがあるということになると、芸養子にとります。

歌舞伎役者の家に生まれた男の子は、将来、親と同じ道を歩むことがあらかじめ定められていて、本人はそこから外れることができないのです。

これは、本人にとっては残酷なことかもしれません。生まれた時点から、あるいは生まれる前から、どう生きなければならないか、それが決められてしまっているからです。そこに選択の自由などほとんどないのです。

でもこれは、親の役者にとっては死活問題です。家を守っていかなければならない。そういう宿命を負っているわけですから。

これは、歌舞伎に限らず伝統芸能の世界全体に言えることです。

さらには、伝統芸能の家だけではありません。さまざまな分野で、守っていかなければならない家を抱えている人たちがいます。

中小企業でも商店でも、跡継ぎを作っていかないと、その家の仕事が続かなくなってしまうところはいくらでもあります。最近では、お寺の僧侶などもそうなってきました。

では、サラリーマンが、子どもに何を伝えられるのか。これは考えてしまうところです。

意図して伝えるというのはかなり難しいことですが、自然に伝わってしまうというところはあります。

たとえば、家にある本が、子どもの人生に影響を与えるということは、決して珍しいことではありません。

これは、1984年から刊行された『漱石全集』(岩波書店)の月報に書かれていたことです。その第2巻の月報には、作家の栗本薫氏が「実は……」という文章を書いていました。

栗本氏は、中島梓という名前でも活動をしていましたが、2009年に56歳で亡くなってしまいました。今でもファンは少なくないはずです。

栗本氏はそこで、「たいへん意外、というか玄妙なとりあわせに思われるかもしれないが、私にとっては実は夏目漱石の影響というものは、非常に大きいのである」と述べていました。

彼女の家には、昔の「漱石全集」が全部そろっていて、小学校の2、3年の頃にその第1巻の「吾輩は猫である」を読んで、すっかりこの小説に染まりきってしまったというのです。これは、年齢的には相当に早い気もしますが、天才作家はやはり神童だったのでしょう。

金井美恵子氏も、『漱石全集』第1巻の月報に寄せた文章のなかで、子どもの頃に「吾輩は猫である」を読んだのは、家にあって、すっかり変色してしまっていた「漱石全集」の一冊だったと述べています。

金井氏は、「大正から昭和の初期の家庭では、どんな家にでも一そろいの漱石全集があったはずで、子供の頃遊びに行った友達の家にも、かならず漱石全集の一そろいはなくても端本の二、三冊は本箱に収まって」いたと書いています。

金井氏は、「漱石全集」の一そろいを家に置いておけば、その家の知的水準の低さを見破られずにすむという役割を果たしていたからだと、ちょっと皮肉な言い方をしています。

同じようなことは戦後にもありました。

平凡社の百科事典が一時猛烈に売れたことがありました。当時は、リビングと呼ばれる新しいタイプの部屋が各家庭に生まれ、そこを飾るために、百科事典が利用されたからでした。

平凡社の百科事典ではありませんが、起業家のホリエモンこと堀江貴文氏が、家にあった「学習百科大事典アカデミア」を、小学生の時代に全部読破したというのは、よく知られた話かもしれません。

彼の両親は本など読まない人たちだったようですが、訪問販売で買わされた「学習百科大事典アカデミア」だけはあったというのです。百科事典に読みふける小学生というのは、奇異なことにも思えますが、たしかにそこには、性のことを含め、小学生が知りたい情報があふれています。

漱石の作品で、高等学校の国語の授業で取り上げられることが多いのが「こころ（こゝろ）」です。これは、実によくできた話で、物語がどのように展開していくのか、高校生でも強くひかれていきます。

そのとき、漱石の全集が家にあったら、別の作品も読んでみようと思うかもしれません。それが文学への目覚めになるのかどうかはわかりませんが、家に本があるということはかなり重要です。必ずしも親が読んでいる必要はありません。ありさえすれば、それが子どもに影響する可能性があるのです。

物があるということは、意外に大きな意味を持ちます。本でなくても、一本のギターがあるとか、一枚のサーフボードがあるとか。そんなことが、子どもの興味を掻き立てるきっかけになっていきます。親がさまざまな事柄に興味を持ち、いろいろと試してきた。そのことが、子どもが成長していく上で、意味を持ったりするのです。

伝えようと思ってもなかなか伝わらないものです。それが、物を媒介にすることで伝わっていくのです。

ここにも、子どもを育てていくことの難しさがあると言えます。親の思い通りにはいかず、子どもはかえって思わぬ方向にむかっていく。それも、子どもにはそれぞれ個性というものが備わっていて、それは親の予想できないものであったりするからです。

しかし、家の力が大きいということは、家の維持が優先され、そこに生まれた人間は、その犠牲になる可能性があるということを意味します。

漱石のことについてふれましたが、その子どもも時代は必ずしも幸福なものではありませんでした。それは、彼の小説として完結した最後の作品である「道草」に示されています。これは、漱石としては珍しく自伝的な内容になっています。当時流行した自然主義の文学、私小説に近いものと言えます。

「道草」の主人公は健三という大学教師ですが、彼のところには、縁を切ったはずの養父が金をせびりに現れます。これは実際に漱石の身に起こったことがもとになっています。漱石は数えで2歳のときに、塩原昌之助という人物のところに養子に出されます。

漱石には多くの兄弟がいて、最後に生まれた末っ子でした。異母姉が2人、実兄が3人いましたから、家の跡取りではなかったわけです。そのため、生まれるとすぐの段階で里子に出されました。ところが、粗末な扱いをされているのを姉が目撃し、それでいったんは実家に戻されるのですが、その後養子に出されます。しかも、養父母は、漱石が9歳になったときに離婚し、それでまた実家に戻されます。

それでも、籍は養家の方にあり、行き来も続いただけではなく、学費や養育費を養父が負担していました。それが、後に問題になり、そのことが「道草」に描かれたのです。少なくとも漱石が円満な家庭で愛情豊かに育ったというわけではないのです。

第六章でふれた西田幾多郎は、漱石と同時代の人間で、わずかながら交流もあったようです。西田が留学中の漱石に手紙を出した痕跡もあります。痕跡というのは、手紙は残っておらず、漱石の日記に、「金沢の西田」から手紙が来たとだけ記されているからです。当時の西田は金沢の第四高等学校の教師でした。

西田が、さまざまな不幸を抱えていたことについては、すでにふれましたが、生まれも必ずしも幸福なものではありませんでした。里子や養子に出されたわけではありませんが、すでにふれたように、父親は戸主の権限によって西田を無理やり離縁させてしまいます。そこには、西田家の没落ということが関係していて、父親との関係が良好だったとは言えません。母親も、父親の女性関係のため、家出同然でしたから、とても幸福な家庭に育ったとは言えないのです（小林敏明『夏目漱石と西田幾多郎――共鳴する明治の精神』岩波新書）。

以前私は、『7大企業を動かす宗教哲学　名経営者、戦略の源』（角川ｏｎｅテーマ21）という本を出したことがありますが、そのときに名経営者とされる人物の経歴について調べました。

そのとき思ったのは、彼らは必ずしも幸福な家庭に育ったわけではないということでした。両親がそろっていて、何不自由のない子ども時代を送ったというような経営者は見出せなかったのです。

たとえば、松下電器産業（現在のパナソニック）の創業者である松下幸之助は、8人兄弟の末っ子でした。幸之助が生まれたときには、松下家は裕福だったのですが、父親が米相場で失敗し、家は没落してしまいます。当然、幸之助は十分な教育を受けさせてもらえず、9歳のときには丁稚《でっち》奉公に出されてしまいます。

また、阪急電鉄の創業者である小林一三《いちぞう》の場合、実は生まれは関西地方ではなく、甲州の韮崎《にらさき》（現在の山梨県韮崎市）でしたが、母親は一三が生まれた年に亡くなってしまいます。

父親は養子でした。そのため、離縁となり、生家に戻ってしまいます。両親が一挙にいなくなってしまったのです。そこで、一三とその姉は、祖父の弟にあたる大叔父の一家に引き取られ、そこで育てられます。幸い、大叔父の家はかなり大きな商家で、一三も、2歳のときに、祖父が立てた別家の家督相続をしているので、経済的な面では恵まれていました。

しかし、阪田寛夫による伝記『わが小林一三―清く正しく美しく』（河出文庫）によれば、一三は、「親に育てられれば、なにしろ日本は仏教国だから、親の口から仏教に関する言葉くらいは聞かされていたかもしれぬが孤児の私には、さうしたチャンスも与へられなかった」とくり返し述べていたといいます。一三には孤児としての自覚があったわけで、決して幸福な子ども時代を送ったわけではないのです。

現代では、兄弟姉妹の数が多いとか、家が経済的に苦しいとかいうことで、子どもが里子に出されたり、養子に出されたりということは滅多にありません。戸主という存在もなくなったので、横暴な父親というものも少なくなりました。

その分、子どもは、両親がそろった健全な家庭でなければ幸福に育たないという考え方が強まってきているように思えます。少なくとも、子どもが何か問題を起こしたときには、家庭のあり方が原因になっているのではないかと指摘されることが多くなっているように思えます。

しかし、そうした感覚が強まってきたのは、最近になってからのことではないでしょうか。昔のことを考えると、子どもは必ずしも丁重に扱われたわけではありませんでした。それでも、その境遇を乗り越えて、たくましく育っていく人間が多かったのです。

そのことは、「親はなくとも子は育つ」ということわざに示されているように思われます。今の私たちは、このことわざを忘れてしまっているのかもしれません。

子どもの側からすれば、家庭環境はとても大切です。しかし、育っていく過程で、そうした境遇を乗り越えることはいくらでもできます。少なくとも、その可能性はあります。

恵まれない家庭に育ったとして、それを嘆いたとしても何も変わりません。大切な人生ですから、自分で切り開いていくしかないのです。自分の人生を本人が大切にし、困難を乗り越えていかなければ、結局は自分のためにはなりません。親がいて自分がいるのは事実であるにしても、自分の人生が親によってすべて決まるわけではないのです。

子どもを育てる親の側にとっても、「親はなくとも子は育つ」ということわざが救いになることがあります。親は自分の育て方になかなか自信が持てません。絶対的な基準はありませんし、それをどう評価していいのか、はっきりしたやり方がないからです。

そのため、子育てにかんして、自信喪失に陥ってしまいがちです。世の中に、子育てにかんするさまざまなアドバイスがあふれているのに、なかなかその通りにはできない。そうなると、自分が間違っていたのではないかと思え、自分を責めることになってしまうのです。

しかし、子どもには、自らが状況を打破し、それを乗り越え成長していく力が備わっています。それが人間の本能でもあります。その本能に期待する。親の側は、そう考えて鷹揚に構えていてもいいのではないでしょうか。何しろ人生は相当に長いのですから、挽回のチャンスも必ずめぐってくるのです。

おわりに

人間の生き方はさまざまです。

とくに現代では、このように生きなければならないというはっきりとした道筋はなくなってきました。生き方は多様で、どういった方向性をとるのか、個人で自由に選ぶことができるようになってきました。

昔なら、大人になれば結婚して家庭を作り、子どもを産んでいく。それが、あるべき生き方として確立され、それに従うことが常識だと見なされていました。

最近では、生涯にわたって一度も結婚することがない男女が増えています。それは、「生涯未婚率」という形をとって示されます。

国立社会保障・人口問題研究所『人口統計資料集２０１９年版』によれば、２０１５年の時点での生涯未婚率は男性で23・4パーセント、女性で14・1パーセントに達しています。男女で開きがあるのは、離婚した男性の方が再婚することが多いからです。

生涯未婚率は、これからも上昇していくものと予測されています。２０４０年には、男性は29・5パーセントと30パーセントに接近し、女性は18・7パーセントに達するというのです。

今と比べると、昔の生涯未婚率はかなり低いものでした。１９５０年の時点では、男性で1・45パーセント、女性で1・35パーセントでした。つまり、男女とも98パーセント以上が、生涯に一度は結婚していたのです。

現在の状況から考えれば、想像もできない状況です。結婚を経験しない人はほとんどいない。昔は、そうした社会だったのです。

そこでは、「結婚してこそ一人前だ」という古い価値観が生きていたことになりますが、結婚しないと社会生活がうまく送れないという面がありました。農家などでは、一家総出で稲作にあたりましたから、家族を作ることが必須だったのです。

現代において、生涯未婚率が高まってきたということは、親にならないまま生涯を終える人たちが増えてきたことを意味します。

こうした事態に至った原因としては、さまざまなことがあげられるでしょう。経済の問題もありますが、生活のあり方が昔とは大きく変わったことが、やはり一番影響が大きいように思います。

今では、企業などに雇われて働く人が増え、家が生産活動の基盤とはならなくなってきました。農家などでは、農業を続けるのに是非とも跡継ぎが必要ですが、サラリーマン家庭では、その必要はありません。

そうした社会の変化が、結婚することを不可欠なものではなくし、結果的に、親にならない道を大きく開くことになったのです。

たしかに、親になるのは大変なことです。子どもを育てることにかけなければならないエネルギーや手間は相当なものです。それによって、親は自分で自由になる時間を手離さなければなりません。

とくに女性にとっては、将来のキャリアの問題もあり、仕事を選ぶのか、それとも子どもを選ぶのかの二者択一を迫られたりもします。

したがって、親になることを強制することはできません。強く勧めることも難しいかもしれません。

実際、結婚しなくても、親にならなくても、充実した幸福な人生を送ることはできます。実際に、そういう道を歩んできた人たちは少なくありません。

親になることは、あくまで一つの選択肢である。今は、そのような傾向が強まっています。

ただし、子どもがいることで、経験できることの幅が広がっていくのも事実です。

たとえば、地域社会とのつながりということも、子どもが媒介になっていることが少なくありません。子どもが保育園や幼稚園、学校に通うようになれば、他の子どもの親とかかわるようになり、地域における人間関係は広がっていきます。地域に根差すということでは、子どもの存在は極めて重要です。

さらに、子どもが結婚すれば、親戚が増え、そこでも人間関係は広がっていきます。子どもがいなければ、孫は生まれません。孫がいれば、曽孫が生まれる可能性も出てくるのです。

友人との関係も重要です。あるいは、同級生、同窓生との関係も長く続くものです。

しかし、友人や同窓生は同年代であるために、自分と同じように年を重ね、老いていきます。自分よりも若い友人ができるというのは、それほど多くはないでしょう。

それに対して、家族の場合には、世代交代が行われ、そこには若いメンバーも加わってきます。家族というのは、変化をくり返していくものなのです。

第八章では、歌舞伎の家についてふれました。歌舞伎を見続ける人たちのなかには、ひいきの役者がいるというケースが少なくありません。

ひいきの役者も、やがては老い、舞台に立つ機会も減っていきます。昔の役ができなくなるということもあります。

ただ、その間に、その役者の子どもが成長し、親のやっていた役を演じるようになるということがあります。そうなると、観客の方も、子どもの役者に注目するようになり、ひいきにしていくようになります。まさにそこでは、家族のなかでの世代交代が起こっているのです。

そうした人間関係の広がりのなかで、核となるのは親子の関係です。親子関係は、人間関係のなかでももっとも密接なものです。そのなかで、親子合一の経験が起こるのです。

親子合一の状態を経験することは、親と子にとって異なる意味を持ちます。

子どもの側からすれば、幼い頃にそれを経験していても、成長し、自立してしまえば、そのこと自体を忘れてしまいます。

子どもにとっては、自立することがもっとも重要なことで、いつまでも親に守られているわけにはいきません。守られるということは、制約を課されることです。その状態から一刻も早く逃れたい。子どもはそのように思うのです。

子どもが、いつまでも親と密接な関係を持っていたことを懐かしみ、それがずっと続いてくれることを願っていたとしたら、むしろその方が問題です。

親からすれば、子どもが幼かった頃のことをすっかり忘れてしまうのは、何か張り合いがなくなったようにも思えます。

けれども、子どもは親のことを忘れることで育ち、自立していくのです。だからこそ、親がなくても子はたくましく育っていくことができるのです。

それに対して、親にとっては、親子合一の状態を経験することは、人生においてかけがえのないことになります。

それは、昔の時代には十分に味わえないことでした。子どもの数は多く、一人の子どもと、あるいは少数の子どもとそれほど密接な関係を結ぶことはできなかったからです。

多くの子どもを育てる昔の生活は、かなり厳しいものでした。西田幾多郎の妻が倒れ、子どもたちが次々に罹《かか》っていったとき、次男の証言によれば、西田家では「襖《ふすま》は破れ、戸障子《としょうじ》は自由に開かず、畳は汚れる有様であった」と言います。この段階で、西田はすでに京都帝国大学の助教授に就任していました。それでも、こうした苦しい生活を強いられたのです。

こうした状態では、親が子どもを育てることに専念し、親子合一を実現することなどできません。

その点で、親子合一は、最近になって経験されるようになったものと言えます。子どもの数が減り、子どもを育てることに専念できる環境が生まれはじめて親子合一が可能になったのです。

もちろん、核家族で子育てをするのは容易ではありません。それは私も体験したことですが、大家族で育てるのとはわけが違います。子育てを一時的に誰かに託そうとしても、それが簡単にはいかないのです。

母親にとって、自分の親が近くにいれば、助けを求めることができます。そのために、親と同居する場合がありますし、そこまでいかなくても、近くに住むという手立てを講じます。それは合理的な判断で、近くに助けを求められるかどうかは極めて重要なことになります。

その点で、今の時代の方が子育てが難しくなっている面はあります。しかし、親子合一が実現されるという点では、今の方がはるかにその機会に恵まれています。それは親にとって贅沢なことなのです。

その贅沢を十分に味わうことができるかどうか。そこに、子育てを意味のあることにできるかどうかがかかっています。

合一の経験をしても、それは永遠に続くわけではありません。一定の期間しか続きません。いったん合一が実現されたということは、その後に、合一が破れるときが訪れることを意味します。

仏教は、さまざまに存在する苦からいかに脱するかを説いた宗教です。仏教では、重要な苦が八つあるとします。生老病死が根本的な苦で、それで四苦になります。さらに愛別離苦《あいべつりく》、怨憎会苦《おんぞうえく》、求不得苦《ぐふとくく》、五《ご》陰《おん》盛《じょう》苦《く》の四つの苦を加えて八苦になります。このうちの愛別離苦は、親子、兄弟、夫婦など愛する者と別れることで生じる苦を意味します。合一の先には、この愛別離苦が待っているのです。

親は、合一の後に、子どもが自立することから生じる状態を必ずや経験しなければなりません。子どもの自立は、親にとって喜ばしく、嬉しいことではありますが、一方では悲しいことでもあります。重要なことが失われたと思え、そこに虚しさを覚えたりするのです。しかし、それを避けることはできません。先延ばしにすることも、好ましいことではありません。自立が遅くなってしまうからです。

それは受け入れるしかないのです。それにしがみついてはならないのです。

苦を乗り越える。そうした体験をすることで、人間は成長していくことができます。親子合一を体験し、さらに、そこから離れていくことで、私たちは変わり、一歩成長していくことができるのです。それこそが、親として成長することを意味します。

親がなくとも子は育ちますが、子どもがいなければ親は育たないのです。

合一は、親子だけではなく、恋人同士にも起こりますし、夫婦の間でも起こります。チーム一丸となってということでは、一定の数の人間によって構成された集団のなかでも起こり得ます。

そうした関係性においても、合一は永遠に続くわけではなく、どこかで破れます。

ただ、親子だと、そこに子どもの成長ということが伴うわけで、それは、恋人や夫婦、集団の場合とは異なります。結果的に、別離がその人の成長に結びつくということもあるでしょうが、そこに関わったもう片方の人間が、その後も相手を見守り続けるという形にはなりません。

親子は、子どもが自立しても親子であり、その関係は変わりません。関係が継続するなかで、いったんはけじめがつけられているのです。それが親子の関係としての特殊性なのです。

もちろん、親子合一とは反対に、親子の関係がぎくしゃくし、それが対立に発展することも珍しくありません。人間関係は、それが密接なものであればあるほど難しい問題を生んでいきます。


この本では、親子ということば、表現に注目し、それが実は日本に独特のものであることを指摘しました。

一神教の世界では、神が親であり、その分、人間の親の比重は軽いのです。

そして、西田幾多郎の哲学を考えるなかで、合一ということが日本の文化のなかで重視されることを見ていきました。

ただ、親子合一は、むしろ近年になって生まれた現象であり、今の私たちは、そうした新しい経験の世界に生きていると言えます。

親子合一は、日本に特殊で、しかも、現代に特有な経験なのです。

そのことについて、私たちはまだ十分には自覚できていません。その意味や活かし方を、完璧には理解できていないのです。

親子の密接な関係を暗示するものとして、第二章では親子丼にふれました。親子丼の発祥については諸説ありますが、19世紀の終わりから20世紀のはじめにかけて、東京なり大阪といった都市で誕生したようです。

しかし、鶏肉や卵が大量生産されるようになったのは、戦後になってからのことです。私が生まれた1950年代だと、卵の価格は現在の10倍ほどでした。高級品だったわけで、親子丼も料亭や専門店が出すものでした。

それが現在では、手軽な食べ物になっています。親子の関係が密接なものになるなかで、親子丼が大衆化してきたのです。あるいは、親子丼が安価になるなかで、親子合一が実現されるようになったとも言えます。

ここは、手軽になった親子丼を食べながら、私たちの親子関係についてじっくりと考えてみる必要があるのではないでしょうか。

２０２０年12月

島田裕巳

編集協力　大場葉子

島田裕巳（しまだひろみ）

1953年、東京都生まれ。'76年、東京大学文学部宗教学宗教史学専修課程卒業、'84年、同大学大学院人文科学研究科博士課程修了（宗教学専攻）。放送教育開発センター助教授、日本女子大学教授、東京大学先端科学技術研究センター特任研究員を歴任。現在は作家、宗教学者、東京女子大学非常勤講師。著書に、『お経のひみつ』（光文社新書）、『創価学会』（新潮新書）、『日本の10大新宗教』『葬式は、要らない』『浄土真宗はなぜ日本でいちばん多いのか』（以上、幻冬舎新書）など多数。

いつまでも親《おや》がいる　超《ちょう》長《ちょう》寿《じゅ》時《じ》代《だい》の新《しん》・親《おや》子《こ》論《ろん》

2021年2月28日初版1刷発行

著　者 —— 島田裕巳
発行者 —— 田邉浩司
装　幀 —— アラン・チャン
印刷所 —— 萩原印刷
製本所 —— 国宝社
発行所 —— 株式会社光文社
東京都文京区音羽1-16-6（〒112-8011）
https://www.kobunsha.com/
電　話 —— 編集部03(5395)8289　書籍販売部03(5395)8116
業務部03(5395)8125
メール —— sinsyo@kobunsha.com

 ISBN 978-4-334-04522-7

光文社新書

1094
新型コロナはアートをどう変えるか
宮津大輔

世界のアート市場は、新型コロナウイルスの蔓延によってその姿を一変させた。アートはこれからどう変化するのか――。歴史・社会・経済を通して、アート市場の未来を大胆に予測。

978-4-334-04501-2

1095
室温を2度上げると健康寿命は4歳のびる
笹井恵里子

寒い家に住んでいると早死にする!? 最新の研究結果を元に頻尿、不眠、寝つきの悪さ、高血圧、アレルギーなどを「住環境」で改善させるアイデアを提案する日本人必読の一冊。

978-4-334-04502-9

1096
税金下げろ、規制をなくせ
日本経済復活の処方箋

渡瀬裕哉

日本が不況から脱出できないのは「税金と規制」の問題だ。この国では「増税はやむなし」なのか？ 日本が打つべき手とは？ 俊英の政治アナリストが、私たちに刷り込まれた洗脳を解く！

978-4-334-04503-6

1097
20年で元本300倍 お金が集まる5つの原則
秋山哲

誰でも資産が増える投資商品とは？ 優良な投資先に共通する3つの特徴とは？ 元本300倍の個人投資家が「投資」を中心に、お金の不安を解消する5つのルールを伝授する！

978-4-334-04504-3

1098
下町はなぜ人を惹きつけるのか？
「懐かしさ」の正体

三浦展

明治維新の30年後に「ふるさと」が注目され、敗戦の30年後に「下町」が発見された。工場の煙が立ち上る近代の象徴だった下町がノスタルジーの対象となるまでの実像を綴る。

978-4-334-04505-0

光文社新書

1099
山本太郎とＮ国党
ＳＮＳが変える民主主義
真鍋厚

彼らは本当に「ポピュリスト」と切り捨てていい存在なのか。この時代に彼らが国会で議席を得たのは偶然か。ＳＮＳ全盛時代の民主主義のあり方を問う、新しい切り口の政治論。

978-4-334-04508-1

1100
「宇宙の音楽」を聴く
指揮者の思考法
伊藤玲阿奈

時代の変化にどう柔軟に対応するか？ 二〇歳を過ぎて音楽家への道を選び、ニューヨークで戦ってきた指揮者が綴る、成功と失敗の概念を超える「しなやかな思考」のつくりかた。

978-4-334-04506-7

1101
Ｚ世代
若者はなぜインスタ・ＴｉｋＴｏｋにハマるのか？
原田曜平

「Ｚ世代」は「ゆとり世代」と何が違うのか？ 世代人口が少ないにもかかわらず、彼らの発信力・拡散力はなぜ巨大なのか？「スマホ第一世代」を若者研究の第一人者が徹底分析。

978-4-334-04507-4

1102
教養としての腕時計選び
篠田哲生

そこかしこで時刻を確認することができる時代、人は何のために腕時計を身につけるのか。成熟した大人の身だしなみ、あるいは「教養」としてとらえ直し、時計選びのセンスを高める。

978-4-334-04510-4

1103
知らないと恥をかく「性」の新常識
齋藤賢

#MeTooをはじめとした近年の様々なムーブメントの分析や、多彩なアクティビストへのインタビューなどを通じ、「性」をめぐるこの国の現在地を鮮やかに抉り出すルポ&批評。

978-4-334-04511-1

1104
警察官の出世と人事
古野まほろ

「階級」だけでは見えてこない、複雑な「警察官の出世と人事」の仕組みを、元警察官僚のミステリ作家が徹底解説。企業の人事担当者、出世が気になるビジネスパーソンも必読！

978-4-334-04512-8

1105
定年前、しなくていい5つのこと
「定年の常識」にダマされるな！
大江英樹

年金は破綻しない、地域デビューは危険、夫婦で旅行もいらない……人気経済コラムニストが「不安に駆られてしない方がいいこと」を、経験と豊富な取材に基づき、５つの分野で具体的に指南。

978-4-334-04513-5

1106
人類はふたたび月を目指す
春山純一

今、月を目指す国や民間企業が世界で続々と現れている。日本の月探査計画に携わり、「月の縦孔の発見」で世界的に知られる著者が、探査や発見をめぐるスリリングな舞台裏を綴る。

978-4-334-04514-2

1107
見るレッスン
映画史特別講義
蓮實重彦

サイレント、ドキュメンタリー、ヌーベル・バーグから現代まで１２０年を超える蓄積と向き合い、作品の最も優れた瞬間で刮目する方法を、シネフィル教授が初めて新書で指南。

978-4-334-04515-9

1108
コロナ対策 各国リーダーたちの通信簿
栗田路子　プラド夏樹
田口理穂　冨久岡ナヲ
片瀬ケイ
クローディアー真理
田中ティナ

世界が一様にパンデミックに包まれた中、各国首脳の言動には大きな違いが。そしてその違いはコロナ禍の行方も左右した。７人の海外在住ジャーナリストが綴るリーダーの素顔。

978-4-334-04516-6

光文社新書

1109

洋画家の美術史

ナカムラクニオ

あちこちの美術館や切手で見たことはあっても、実はよくは知らない「洋画」の世界。画家たちの波瀾万丈な一生を追いながら、作品と近代美術史の流れをわかりやすく解説する。

978-4-334-04517-3

1110

相続地獄
残った家族が困らない終活入門

森永卓郎

ある日突然ふりかかり、一歩間違えると泥沼にはまる相続問題。自身の経験をもとに、今日からできる森永流・生前整理術を伝授する新時代の「相続の教科書」。

978-4-334-04518-0

1111

がんを瞬時に破壊する光免疫療法
身体にやさしい新治療が医療を変える

小林久隆

新しいがんの治療法が世界で注目を集めている。どのような治療法なのか？　身体への負担や副作用は？　転移・再発の可能性は？　アメリカ国立衛生研究所の日本人開発者が初めて綴る。

978-4-334-04519-7

1112

誤読のイタリア

ディエゴ・マルティーナ

イタリア文化を見つめる旅は、日本文化を再発見する旅だ。夏目漱石など日本文学を愛するイタリア人が、文化の「誤読」と「正読」についてユーモアを交えて綴った心温まるエッセイ。

978-4-334-04520-3

1113

平成・令和　学生たちの社会運動
SEALDs、民青、過激派、独自グループ

小林哲夫

2010年代、学生による社会運動はどのように繰り広げられたか？　かつての学生運動と何が違うのか？　SEALDsから過激派まで長期にわたる徹底取材による闘いの記録。

978-4-334-04521-0

1114

いつまでも親がいる

超長寿時代の新・親子論

島田裕巳

人生１００年時代を迎え、私たちは「いつまでも親がいる社会」を生きるようになった。そこで新たに生じる親子関係の課題とは？「永遠のテーマ」を捉え直す、著者初の親子論！

978-4-334-04522-7

1115

死ぬまで噛んで食べる

誤嚥性肺炎を防ぐ12の鉄則

五島朋幸

誤嚥性肺炎の原因は唾液だった！ 大切なのは「歯と歯が噛み合うこと」。訪問歯科のカリスマが口腔ケアの正しい知識を解説。口から食べることを諦めないことが、元気に繋がる！

978-4-334-04523-4

1116

日本のスポーツビジネスが世界に通用しない本当の理由

葦原一正

スポーツビジネスは特殊なビジネスではない。経営面でも海外で戦えるようになるために必要なものとは何か、スポーツに憑かれたB．LEAGUE創設の立役者が明かす熱きビジネス論。

978-4-334-04524-1

1117

大学教授、発達障害の子を育てる

岡嶋裕史

自閉スペクトラム症の息子と、自分もその傾向があった父親の日常生活奮闘記。職業柄、大量の文献を読み込み、医師、臨床心理士、役所、教師、そして世間とのズレに挑むが……。

978-4-334-04509-8

1118

渋沢栄一に学ぶ大転換期の乗り越え方

田口佳史

道徳なくして、ビジネスは成立しない。激変する時代を生きるビジネスパーソンのために、「渋沢栄一の生涯」と『論語と算盤』、そして『論語』をもとに「仕事の本質」を説く一冊。

978-4-334-04525-8